© Adolfo Quintana Giannoni, 2019

ISBN 978-956-401-233-9

DEDICATORIA

Dedicado a aquellas mujeres que han influido y soportado en mi vida, primeramente a mi madre Cecilia, por su incomparable amor, confianza, ánimo. Por haberme enseñado a nunca abandonar los sueños, por más lejanos que estos parezcan. A mí querida hermana Raquel por su ejemplo de perseverancia, rectitud y amor a otros. A mí querida esposa Johanna por su ánimo que me contagia día a día y por soportar mis quejas y angustias, por enseñarme que hay que atreverse para poder cruzar los ríos. Y a mí adorable hija Jennifer por su amor, disciplina, su anhelo de buscar y alcanzar justicia para todos. Mi profundo amor y respeto a todas ellas.

—Adolfo

PROLOGO DEL AUTOR

Cada vez hay más personas que han comenzado un emprendimiento, motivadas muchas veces por sus familiares, amigos, medios de comunicación, instituciones públicas o privadas, o también forzadas por las circunstancias laborales en las cuales no es rápido el encontrar un empleo. Tienen una idea, la desarrollan y aplican en el mercado. En algunos casos el proyecto fracasa a poco tiempo por diversas razones, pero en otros el proyecto se establece y empieza a ser factible seguir en él.

Pero empieza a padecer los síntomas del crecimiento, que puede volverse doloroso y desorganizado. Muchas veces no porque la idea haya sido mala o su planteamiento en el mercado incorrecto, sino porque no se contaban con las habilidades administrativas que permitieran tomar en cuenta factores que afectan en dicho crecimiento. Así la administración financiera, el manejo del desarrollo del personal, la revisión de los resultados empresariales, el manejo de inventarios, la relación con clientes y proveedores y el impacto en la sociedad en donde se desarrollan, comienzan a ejercer su presión en dicho crecimiento.

El presente libro no pretende ser un libro de texto, pero si una guía de referencia de aspectos claves a revisar y tener en cuanta cuando una PYME empieza a enfrentar el tema del crecimiento. Cuando deja de ser una microempresa formada solo por el dueño y uno o dos familiares o por dos o tres amigos, y comienza a contar con personal contratado, comienza a expandir su cartera de clientes y sus inventarios aumentan.

Con la ayuda de un coloquial dialogo entre un nieto y su abuelo, se introducen conceptos administrativos a tener en cuenta en el manejo empresarial de una PYME.

Adolfo Quintana Giannoni

VIERNES POR LA NOCHE

Una vez más Jorge estaba compartiendo las interminables noches de conversación con su abuelo. Había sido una costumbre que comenzó hacía muchos años, ya no lo recordaba muy bien, tal vez fue cuando sus padres se fueron de viaje por vacaciones y él se quedó en casa de los abuelos. De eso ya habían transcurrido muchos años. Cuando la abuela se iba a acostar, ellos comenzaban la tertulia interminable, algunas veces acompañados de juegos otras solo conversar. Paulatinamente con el paso del tiempo las conversaciones fueron profundizándose y abarcando temas diversos, religión, historia, política, relaciones humanas, etc.

Pero ya cuando Jorge formó su propia familia, estas tertulias se fueron haciendo más esporádicas, pero no menos intensas y variadas. Pero si, muy pocas veces como ahora, podía él volver a compartir un fin de semana con sus abuelos. Ellos vivían en el campo, algo lejos de la ciudad, lo que dificultaba la frecuencia. Pero este fin de semana en particular, Julie su esposa, había viaja al sur a visitar a sus padres, por lo que Jorge se quedó solo y aprovechó la ocasión de pasar el tiempo con sus abuelos.

Al abuelo Alberto, le encantaba este tiempo, pues decía que era una manera de tejer lazos de una generación a otra, y que era la mejor manera de que ambos se comprendieran a pesar de las diferentes circunstancias de vida que les había tocado vivir. Él decía que la vida siempre era la misma, y que solo cambiaban las circunstancias y el entorno, pero que los humanos no habían cambiado en su esencia de comportarse y relacionarse. Al final de cuentas, los anhelos, las pasiones, los temores, las esperanzas, en resumen las emociones seguían siendo las mismas, solo habían cambiado el ambiente que las rodeaba. Por ello disfrutaba tanto de la historia, pues le permitía aprender del actuar y del sentir de aquellos que ya habían pasado por circunstancias semejantes y en muchas ocasiones aplicar las soluciones de ellos a su situación actual. El no estudiar historia llevaba al hombre a cometer los mismos errores del pasado, pensaba Alberto.

Jorge ya no era un jovenzuelo de quince años, el tiempo había transcurrido más rápido de lo que se imaginaba, ahora era un hombre maduro, con responsabilidades a cuestas; en sus tempranos años durante sus estudios universitarios había decidido que no trabajaría de forma dependiente para alguien. Así fue como fundó su propia empresa de compra venta de maquinaria, era un negocio que partió bastante bien y que en los primeros años le rentó lo suficiente para poder sostener a su familia, contratar algunos empleados y alcanzar aceptables volúmenes de ventas. Su éxito había estado acompañado de una bonanza económica en el país, y eso le permitió consolidar su inversión y también confirmar para sí mismo que había tomado una decisión correcta cuando decidió por el emprendimiento. Por el nivel de ventas anuales, su empresa calificaba dentro de una PYME.

Pero lo tiempos no son los mismos siempre, las circunstancias cambian y así como los mercados crecen, también hay momentos en que esos crecimientos sufren depresiones, se entra en un valle de bajas ventas, baja rentabilidad y surge la pregunta de ¿Qué hago? ¿Cómo salgo de esta situación? Este pensamiento estaba acompañando a Jorge estas últimas semanas. Ahora aprovechando la soledad con su abuelo, decidió comentarle más a profundidad su situación y pedirle consejo.

Alberto, había trabajado como Gerente General de una importadora y distribuidora hasta unos diez años antes de jubilarse, y luego había decidido incursionar en su propio negocio de importaciones. Le había ido muy bien, contaba ya con un equipo de más de cincuenta personas, buenas líneas de negocio, reconocimiento en su segmento de mercado y sobretodo había logrado el reconocimiento de sus pares como un buen empresario. Continuaba trabajando en su negocio a pesar de sus 75 años.

—Abuelo, necesito hablarte de un tema que me está dando vueltas en la cabeza este último tiempo. El negocio no va bien—las palabras salieron de su boca apresuradas, a borbotones.

—A que te refieres con que no va bien. ¿Han bajado tus ventas?, ¿ha disminuido tu rentabilidad?, ¿tienes mayor competencia?, ¿tus costos están fuera de control?, que es lo que pasa exactamente— preguntó Alberto con sincero interés.

—Desde hace un año, las ventas vienen bajando de manera sostenida, mes a mes. Este mes hemos vendido un 10% menos que el mismo mes del año pasado; y el año pasado vendimos un 15% menos que el año anterior. Lo que se ha traducido en menor rentabilidad. Hemos aumentado nuestro esfuerzo por las vender más, pero no lo logramos. La competencia está más fuerte, y al tener menores ventas, el dinero escasea para cubrir los compromisos con algunos proveedores, los cuales están empezando a quejarse y a amenazar con cortar las líneas de crédito. Esta es la primera crisis grande que atravesamos, antes hemos tenido bajas en las ventas, pero eran pasajeras, y nos recuperábamos rápidamente, pero esta vez la situación es distinta, es menos flexible y no sé por dónde empezar para revertir la situación— comentó Jorge a su abuelo.

—Uhm entiendo, no siempre las cosas marchan como uno quisiera; es parte de los desafíos que necesitamos para crecer, para inventar, innovar y resurgir. Las empresas son como la vida de los hombres, comienzan pequeñas, crecen rápido pero luego de unos años, el crecimiento se vuelve lento, la confianza que tiene el niño en caminar lo lleva a correr, pero con ello el riesgo de caídas aumenta y más de una vez se tropieza, cae, se rasguña, y a veces termina con una herida o un hueso roto. Esto lo retiene por un momento, pero la mayoría de ellos una vez sanada la herida (y a veces antes de sanar completamente) vuelve a lanzarse al juego. Con el correr de los años, se vuelven más prudentes, su crecimiento corporal se relantiza pero sus habilidades y conocimiento crecen con mayor rapidez, lo que en una empresa se traduciría en menores ventas pero mayores márgenes, gracias a una mejor gestión, a una mejor administración de los recursos y una dirección más sabia y consecuente con sus objetivos y valores— indicó el abuelo.

—Cuando sentimos que estamos perdiendo el rumbo, es bueno detenerse a pensar y meditar, revisar el plan de ruta que habíamos trazado y ver que correcciones debemos hacer en la ruta que estamos tomando. No creo que pueda ayudarte de manera específica en tus problemas, pues nadie mejor que tu conoce la empresa, sus fortalezas, sus debilidades, su potencial y su historia; sin embargo sí creo que podemos hacer una revisión de los principios de una sana gestión y en base a esto tu podrás ver en qué aspectos debes hacer correcciones, cambios y nuevas propuestas. ¿Te parece?

—Abuelo, tu siempre eres igual, nunca das un comentario de lo que uno debe o no hacer, siempre me llevas a que piense lo que debería hacer, y que yo mismo saque mis conclusiones basado en principios que has compartido conmigo.

—Bueno, es algo que aprendí cuando era joven, de un maestro que admiraba, quien nunca me contestaba directamente a mis preguntas, sino que me llevaba por el camino que me permitiera sacar mis propias conclusiones, las cuales se ajustaban a los principios que me estaba enseñando. Aprendí que los principios son constantes, mas no así las circunstancias, así que si entiendo los principios, puedo adaptarme a las circunstancias y corregir el rumbo con mayor facilidad y confianza.

—Partamos entonces— dijo el abuelo –. ¿Para qué tienes la empresa? ¿Cuál es el principal objetivo?

—Bueno, para ganar dinero, obviamente. Yo no quería trabajar para otra persona, y necesitaba tener una actividad, así que forme la empresa para contar con un ingreso financiero propio", respondió Jorge, rápidamente y como sorprendido por la absurda pregunta, que a él le parecía obvia su respuesta.

—Si el principal objetivo, solo es generar dinero, podrías vender todo, e invertirlo en acciones de otras compañías más rentables que la tuya, con ello asegurarías una renta y tendrías menos dolores de cabeza. También podrías comprarte algunas propiedades y arrendarlas o comprar y vender propiedades y con ello vivir más tranquilo, ¿no te parece? Muchas veces la respuesta inmediata parece obvia, como lo que dijiste, pero si meditas un poco, tu empresa ya no es solo tuya, y por ende el objetivo tan obvio ya no lo es.

— ¿De qué hablas abuelo?, cómo que la empresa no es mía, yo invertí en ella, yo he dedicado mucho tiempo de mi vida a ese negocio, yo la dirijo y todos los papeles dicen que soy el propietario. Si es cierto que tengo algunas deudas, pero mis activos son superiores a mis pasivos, por lo que la empresa me sigue perteneciendo— refutó Jorge

—Bien dices, has invertido y que por ello la empresa te pertenece. Entonces convendrás conmigo que si una persona invierte en tu empresa, también puede ser participe en cierta manera de la propiedad de ella, o ¿no?

—Bueno, si les permito que inviertan en la empresa, y lo hacen, si, de cierta manera son propietarios o participes de la propiedad.

—Primeramente tenemos a tu socio, que si bien es minoritario, es un inversor en tu empresa, y es alguien en quien confías y te apoyas.

A veces parece obvio lo que Alberto acaba de comentar, pero muchas veces no lo es. Si bien es importante el contar con un socio, pues ayuda en muchas maneras, no siempre resulta obvio que sea la persona de confianza en quien uno se apoya. En el caso de las PYMES, por lo general están formadas solo por el accionista mayoritario y único al que llamamos el dueño de la empresa o por un pequeño grupo de personas, muchas veces menos de cuatro que representan en diferentes montos de participación el total de las acciones o participaciones de la empresa. No importando el tipo de razón social que hayan formado, este grupo pequeño de personas se asocia para alcanzar un fin.

La RAE define como socio a: "persona asociada con otra u otras para algún fin // individuo de una sociedad, o agrupación de individuos //**capitalista** persona que aporta capital a una empresa o compañía, poniéndolo a ganancias o pérdidas //**industrial** persona que no aporta capital a la compañía o empresa, sino servicios o pericia personales, para tener alguna participación en las ganancias"[1]

Vemos pues que este o estos socios, se asocian o se juntan para alcanzar un fin. ¿Pero qué pasa si alguno de ellos comparte el fin pero no la visión de cómo llegar ahí, si no comparte los medios para alcanzar el fin? o ¿los asociados no definieron correctamente el fin desde un inicio?

Ocurrirá que el desarrollo de la empresa va a ser muy complicado y lo más seguro es que no alcanzarán el fin que cada cual esperaba. Es por ello que al igual que en un matrimonio, los asociados deben compartir la misma visión y tener los mismos valores, para poder alcanzar un objetivo común. La ausencia de uno de estos factores, llevará a la empresa a un desgaste de recursos, tiempo y ánimos que no le permitirán progresar. En algunos casos se ha logrado luego de cierto tiempo enfocar a todos en la misma dirección, pero por lo general los finales cuando hay un mal comienzo, no son felices.

Otro factor importante en las asociaciones, y en especial a nivel de PYMES, donde son pocos los actores y donde no se han establecido mayores sistemas de control y auditorías, es el contar con una confianza total entre todos, y que todos sean realmente confiables. No solamente serlos sino también parecerlos.

Muchas de las disoluciones de sociedades a nivel PYME se producen por no contar con una visión compartida y por qué alguno de los integrantes de la sociedad, consideró tomar dineros que no le correspondían. Burlando los controles elementales y

---

[1] REAL ACADEMIA ESPAÑOLA, *Diccionario de la Lengua Española*, Vigésima segunda edición, 2001

luego justificando su accionar con pensamientos mezquinos y egoístas.

Por lo anterior, si bien es útil e importante contar con asociados, pues se generan sinergias, se comparten los esfuerzos y se cuenta con un apoyo emocional (sobre todo al inicio de la empresa, cuando el camino es angosto, pedregoso y en subida), es muy importante contar con personas que compartan la visión, los valores y los métodos de hacer negocios.

Y para evitar problemas financieros, se deben establecer políticas de control que se aplicarán periódicamente, a fin de verificar el buen uso de los recursos financieros. Es sano establecer que los gastos deben ser aprobados por lo menos por dos personas a la vez antes que estos se produzcan. Que el uso y goce de los bienes de la empresa está claramente definido y establecido en un documento que todos aceptan y respaldan. La frase, "entonces no confían en mi", no tiene cabida en este contexto, pues lo que se busca es evitar problemas a futuro. No es un tema de falta de confianza, si no es un tema de transparencia y orden.

— ¿Tu relación con él como ha estado este último tiempo? — preguntó el abuelo

—Muy bien, la verdad es que siempre nos hemos llevado bien. Tu sabes que con Roberto, somos amigos desde que éramos niños, y desde que formamos la empresa fijamos una manera formal de trabajar de tal forma que nunca tuviésemos los típicos problemas que tienen las empresas de amigos, que se establecen sin mayor control ni plan de acción; por lo cual se generan discusiones entre ellos y pierden la amistad.

—Ok, repasemos. ¿Los empleados de tu empresa, no han invertido sus talentos, su tiempo y sus esperanzas y aun la esperanza de sus familias en tu empresa?, aceptaron trabajar para ti, no solamente por el pago de su salario mensual, sino porque creyeron en un proyecto que podía desarrollarse, pues si no hubiesen creído en ello, aun cuando les hubieses ofrecido un buen salario, hubiesen pensado dos veces y no haber aceptado incorporarse a la empresa. Seguramente ellos no son propietarios tenedores de acciones, pero si son propietarios morales por así decirlo, son propietarios de corazón— indicó el Alberto.

—Y pensemos en tus proveedores, aquellos que te conceden mercadería y servicios, y que mucho de ello lo entregan a crédito. ¿No están confiando en que tu negocio va a ir bien y que es un lugar seguro para invertir?, para darte crédito ¿no han revisado tus estados financieros y otros documentos a fin de poder tener un conocimiento lo más cercano de la realidad de tu negocio? Y luego de ello deciden que hay seguridad en invertir, y te conceden crédito y apoyo. A ellos, al igual que a ti, también les interesa que a tu negocio le vaya bien.

—Finalmente, tus clientes, aquellos que buscan en tu negocio un producto o servicio de calidad, ¿no depositan su confianza en que recibirán aquello que les prometes y por ello están dispuestos a colocar sus recursos en adquirir esos productos o servicios de calidad que publicitas?, ellos también son inversores, seguro que más difíciles de convencer que los primeros, pero inversores a fin de cuentas—prosiguió Alberto.

Como destaca Alberto a su nieto, los "participantes" de una empresa no son solo aquellos que han colocado un capital monetario en ella, los comúnmente llamados "socios o accionistas", sino todos aquellos que de una u otra manera colocan valores, no necesariamente tangibles en dicha empresa. Si podemos visualizar a todos los que interactúan dentro o con la empresa, como "participantes", nuestra manera de hacer negocios cambiaría mucho, la visión gerencial iría mucho más allá de solo buscar una rentabilidad sobre el capital monetario invertido, se ampliaría a buscar una rentabilidad total sobre todos los "capitales" invertidos. Los Gerentes deberán alcanzar, que todos ganen con la empresa, que el accionista monetario recupere o rente su dinero por sobre la rentabilidad que le puede dar una inversión en un instrumento financiero; que el empleado se sienta valorado y pueda al final del arduo día decir que su fuerza laboral (inteligencia, creatividad, voluntad, energía física, etc) le ha rentado por sobre la media del mercado laboral; el proveedor, sentir la confianza de que el crédito que deposita es seguro y puede hacer negocios a largo plazo; que el cliente vea que ha realizado un buen negocio, pues adquirió un valor mayor que lo que le ofrecían en otro lugar por su dinero. Las empresas deben desarrollarse con una visión de ganar – ganar a todos los actores que intervienen. Así ninguno de los actores terminará sintiéndose abusado, engañado o forzado por las circunstancias a interactuar, pues no tienen otra alternativa.

Se dirá que es natural que cada cual desee maximizar su inversión, y creo que eso es correcto. Lo que no creo que sea correcto, es que la maximización del capital de uno sea a consecuencia de la minimización del capital del otro. En una relación en la que solo uno gana y el otro pierde, no se generan relaciones de largo plazo, solo relaciones de dependencia, que al fin producen deterioros en la empresa, en la familia y por último en la sociedad.

La mayoría de la literatura administrativa concentra sus esfuerzos en enseñar que la responsabilidad del Gerente es maximizar la rentabilidad de los accionistas. Sin embargo, poco de habla del desarrollo del empleado. Lo llamamos "Recurso

Humano", y de hecho existe en la mayoría de empresas un departamento encargado de su gestión. ¿Pero que estamos gestionando?, ¿los tiempos de trabajo, la motivación, la innovación, la productividad?, ¿pensamos en el potencial de ese "recurso", lo que es y lo que puede llegar a ser y por ende lo que puede llegar a hacer cuando llegue a ser?

Al contratar a una persona a trabajar dentro de la empresa, la estamos invitando a invertir en ella. Como dijimos anteriormente ellos invierten su tiempo y talentos a cambio del salario que recibirán. Sin embargo que pasa si al contratarlos, no consideramos adecuadamente sus talentos y habilidades. Su capacidad de invertir no aportará adecuadamente al desarrollo de la empresa, y finalmente se tomará la decisión de desvincularle. Al hacerlo, el empleado habrá perdido su inversión, y la empresa habrá perdido tiempo, recursos y la oportunidad de haber conseguido contratar a una persona adecuada para el puesto que se requería.

Al contratar a una persona debemos tener en cuenta no solo su Título educativo, sino sus habilidades blandas y su tipo de inteligencia. El Titulo, nos indica que dicha persona estudió algo determinado, pero no nos dice las razones por lo que lo estudio. Si su estudio no fue lo que quería hacer, y ampara su postulación al cargo por dicho Titulo, entonces tendremos a una persona que continuará invirtiendo tiempo y talento en algo que no le gusta y en lo que no cree importante para su vida, solo concentrada en el "dividendo" que va a obtener. No pondrá pasión en lo que hace. Sin pasión, es dificultoso ser creativo y productivo, no genera un ganar-ganar a la relación empresa-empleado.

Por otro lado debemos considerar sus habilidades blandas las cuales están estrechamente relacionadas con su tipo de inteligencia. No con esto se quiere decir que debemos clasificar a las personas entre sagaces y estúpidos. Estudios recientes muestran que medir la capacidad intelectual de las personas solamente por medio de su Cociente Intelectual, es una medición limitada y sesgada. Daniel Goleman en su libro "La Inteligencia Emocional" nos enseñan sobre la importancia de esta, frente al cociente intelectual. A lo largo del libro resalta la importancia de desarrollar las emociones y encausarlas adecuadamente. El desarrollo de la empatía y la comprensión del otro. Entre algunas citas menciona estudios de Hatch y Gardner quienes identifican cuatro capacidades de la inteligencia interpersonal:

- *"Organización de grupos:* esencial en un líder, esta habilidad incluye esfuerzos iniciadores y coordinadores de una red de personas. Es el talento que se ve en los directores y productores de teatro, en los oficiales militares, y en los directores efectivos de organizaciones y unidades de todo tipo. En el patio de juegos, este es el niño que toma la iniciativa y decide a que jugarán todos, o se convierte en el capitán del equipo.

- *Negociación de soluciones:* es el talento del mediador, que previene conflictos o resuelve aquellos que han estallado. Las personas que tienen esta habilidad se destacan en la realización de acuerdos, en arbitrar o mediar en disputas; podrían hacer carrera en la diplomacia, en el arbitraje o en la ley, o como intermediarios o administradores de adquisiciones. Son los niños que resuelven las disputas en el patio de juegos.

- *Conexión personal:* es el talento de la empatía y la conexión. Hace que resulte fácil participar en un encuentro o reconocer y responder adecuadamente a los sentimientos y las preocupaciones de la gente…el arte de las relaciones. Estas personas son ideales para el "trabajo en equipo", son esposas y esposos confiables, buenos amigos o socios comerciales; en el mundo comercial se desempeñan bien como vendedores o administradores, y pueden ser excelentes maestros. Se llevan bien con casi todo el mundo, les resulta fácil jugar con los demás y se sienten felices al hacerlo. Estos niños suelen ser excelentes para interpretar las emociones a partir de las expresiones faciales, y son apreciados por sus compañeros.

- *Análisis Social:* supone ser capaz de detectar y mostrar comprensión con respecto a los sentimientos, los motivos y las preocupaciones de la gente. Este conocimiento de cómo se sienten los demás puede conducir a una fácil intimidad o sentido de compenetración. En su mayor expresión, esta capacidad convierte a la persona en un competente terapeuta o consejero o, combinado con algún talento literario, en un talentoso novelista o dramaturgo".[2]

Como podemos ver, cada persona tiene una capacidad distinta que en conjunto se complementan y pueden realizar cosas extraordinarias. Pero que pasa, ¿cuándo asignamos a alguna persona a realizar algo o desempeñar un puesto para el cual no cuenta con las habilidades blandas necesarias?, ocurrirán dos cosas, o se tendrá que esforzar el doble por alcanzar los objetivos y un buen desempeño o se frustrará y realizará un trabajo mediocre. Y eso no necesariamente se deba a que no cuenta con los conocimientos adecuados, sino que no cuenta con las habilidades que le permiten desempeñarse adecuadamente.

Además, cuando una persona siente que no está desempeñándose a la altura de lo que se espera de ella, comienza

[2] Daniel Goleman; *"La Inteligencia Emocional"*, Javier Vergara Editor S.A., 1996, pág. 146

un periodo depresivo, de desánimo y por ende su rendimiento comienza a disminuir paulatinamente. Antes que esto empiece a ocurrir se debe intervenir, y es responsabilidad de quien esté al mando de dicha persona el entrevistarse con ella, y analizar las causas y razones de ese estado de desempeño, a fin de proveer las herramientas o los cambios que permitan a la persona ser un aporte adecuado a la empresa. No se trata solo de cambiar de personas, se trata de ayudarles a alcanzar su potencial. Y nuevamente, si pensamos que el empleado está invirtiendo en la empresa, al notar que no solo recibe ingresos monetarios, sino también el apoyo a desarrollar su potencial, reconocerá que su inversión está teniendo rentabilidad. Cuando uno siente que su inversión es rentable, está contento, mantienen la inversión y si puede hacer algo por hacerla más rentable lo hace. Entonces generamos un estado de ganar - ganar en la empresa.

No solo la carencia de algunas habilidades blandas necesarias para el puesto, pueden afectar el desempeño. También lo está el efecto emocional. Es común la advertencia entre los prevencionistas de riesgo, que un empleado que está pasando por problemas familiares o emocionales de alguna índole, se vuelva distraído y se convierta en un gran candidato a sufrir accidentes.

Conocí a un empleado que había sido contratado como técnico en la empresa. Parte de su labor consistía en prestar servicio de reparaciones de equipos en Provincias. Al principio se desempeñó bien, pero al cabo de unos meses, comenzó a presentar excusas para no viajar. Inicialmente sus compañeros le cubrían el turno de viaje, pero eso no hizo más que agravar el problema. Al punto que se empezó a pensar en su desvinculación de la empresa.

Cuando lo entrevisté, con miras a desvincularlo, me enteré que la razón de sus excusas era que su esposa sufría de depresión y que cada vez que él tenía que viajar, se producía un drama familiar.

Luego de evaluar la situación, decidimos cambiarlo de puesto y de labor, dejó de fungir como técnico y pasó a ser parte del área administrativa, donde ya no tendría que viajar. Este cambio, significó que nuevamente demostrara un buen desempeño laboral.

Sin embargo, en las PYMES no siempre es posible realizar este tipo de acciones, pues a veces se cuenta con muy poco personal, y estos son multifacéticos. Por ello es muy importante a la hora de hacer contrataciones, definir bien las condiciones del contrato y procurar asegurarse en la medida de lo posible, que el candidato las entienda y esté dispuesto a poder cumplirlas.

Retomando el tema de los diferentes tipos de inteligencia, Howard Gardner, en su estudio menciona ocho tipos de inteligencia, mostrando que la realidad de nuestra mente y su potencial es mucho más rica y así queda expresado en esta manera de concebir el intelecto. Nuestra psique no se limita a funcionar según las lógicas que tienen en cuenta las puntuaciones de CI porque no hay una sola forma de medir sus capacidades; esta es, justamente, la idea que hay detrás de la Teoría de las Inteligencias Múltiples de Howard Gardner.

Howard Gardner y sus colaboradores de la prestigiosa Universidad de Harvard advirtieron que la inteligencia académica (la obtención de titulaciones y méritos educativos; el expediente académico) no es un factor decisivo para conocer la inteligencia de una persona.

Un buen ejemplo de esta idea se observa en personas que, a pesar de obtener excelentes calificaciones académicas, presentan problemas importantes para relacionarse con otras personas o para manejar otras facetas de su vida. Gardner y sus colaboradores podrían afirmar que Stephen Hawking no posee una mayor inteligencia que Leo Messi, sino que cada uno de ellos ha desarrollado un tipo de inteligencia diferente.

Por otro lado, Howard Gardner señala que existen casos claros en los que personas presentan unas habilidades cognitivas extremadamente desarrolladas, y otras muy poco desarrolladas: es el caso de los savants (síndrome del sabio). Un ejemplo de savant fue Kim Peek, que a pesar de que en general tenía poca habilidad para razonar, era capaz de memorizar mapas y libros enteros, en prácticamente todos sus detalles.

Estos casos excepcionales hicieron que Gardner pensase que la inteligencia única no existe, sino que en realidad hay muchas inteligencias independientes.

El concepto de Inteligencias Múltiples representa una idea muy poderosa: que las capacidades de nuestra mente no forman parte de una sola habilidad llamada inteligencia, sino de muchas que trabajan en paralelo y que, muchas veces, son ignoradas o eclipsadas simplemente porque no las valoramos.

De este modo, Gardner rechazaba la idea de que existiese una inteligencia unitaria capaz de ser medida por pruebas de lápiz y papel. Si los seres humanos nos caracterizamos por ser increíblemente versátiles a la hora de adaptarnos a retos novedosos e improvisar, ¿por qué deberíamos hacer que la manera en la que medimos el potencial de nuestra mente sea tan rígida? ¿Por qué no reconocer que todo aquello que nos hace únicos y especiales se encuentra en habilidades mentales que no tienen que ver solo con resolver puzles y operaciones matemáticas, sino que también involucran la sensibilidad artística o la gestión de las emociones?

Así pues, cada persona dispone de varios tipos de habilidades mentales que son independientes entre sí. De este modo, alguien que obtiene una puntuación de Cociente Intelectual muy alta podría ser muy mala en la mayoría de las inteligencias que son ignoradas por el test que ha rellenado, y alguien que ha obtenido una puntuación muy baja podría ser un genio incomprendido en otras habilidades.

A lo largo de los años, Howard Gardner ha explorado la existencia de muchas inteligencias que, sumadas, pueden dar una imagen aproximada acerca del potencial de cada persona, si bien cada una debe ser tenida en cuenta de manera independiente. El propuso que la vida humana requiere del desarrollo de varios tipos de inteligencia. Así pues, Gardner no entra en contradicción con la definición científica de la inteligencia, como la «capacidad de solucionar problemas o elaborar bienes valiosos».

Estas distintas habilidades mentales que componen la Teoría de las Inteligencias Múltiples son ocho, aunque el propio autor reconoce que probablemente existan más que aún no han sido descubiertas. Son las siguientes.

- *Inteligencia lingüística:* Una de las inteligencias más valoradas, ya que gracias a ella somos capaces de usar con mayor o menor pericia el lenguaje, que es la herramienta gracias a la cual nos relacionamos y construimos sociedades complejas. Por supuesto, la inteligencia lingüística no se limita al modo en el que hablamos, sino que incluye la facilidad con la que escribimos y comprendemos lo que dicen los demás. Es por eso que los escritores y periodistas son los que mejor aprovechan esta habilidad.

- *Inteligencia lógico-matemática:* Tradicionalmente, esta ha formado parte del núcleo de las pruebas de inteligencia, y es muy valorada porque permite ver hasta qué punto se es hábil realizando operaciones mentales que tienen que ver con un sistema formal, como por ejemplo la tarea de resolver una ecuación o de detectar una falacia lógica. Como su propio nombre indica, este tipo de inteligencia se vincula a la capacidad para el razonamiento lógico y la resolución de problemas matemáticos. La rapidez para solucionar este tipo de problemas es el indicador que determina cuánta inteligencia lógico-matemática se tiene.

Los célebres test de Cociente Intelectual (CI) se fundamentan en este tipo de inteligencia y, en menor medida, en la inteligencia lingüística. Los científicos, economistas, académicos, ingenieros y matemáticos suelen destacar en esta clase de inteligencia. Asimismo, los ajedrecistas también requieren de capacidad lógica para desarrollar estrategias de juego mejores a las de su oponente, y a su vez anticipar sus movimientos.

Ejercicios que son válidos en cualquier contexto cultural y casi no dependen de los conocimientos que hemos memorizado, de modo que esta inteligencia es muy cotizada en el mercado laboral.

- *Inteligencia espacial:* La inteligencia espacial tiene que ver con nuestra habilidad a la hora de recrear espacios en nuestra imaginación y manipularlos mentalmente. Por ejemplo, se puede utilizar para resolver puzzles con figuras tridimensionales, para conducir un vehículo o para encontrar la salida en un laberinto. Este es el tipo de inteligencia que caracteriza a los arquitectos, los fotógrafos, dibujantes y diseñadores, etc.

- *Inteligencia musical:* Tal y como su nombre indica, este componente de la Teoría de las Inteligencias Múltiples tiene que ver con el proceso de elaboración y de apreciación de la música; sus ritmos, sus variaciones, etc. Algunas zonas del cerebro ejecutan funciones vinculadas con la interpretación y composición de música. Como cualquier otro tipo de inteligencia, puede entrenarse y perfeccionarse. No hace falta decir que los más aventajados en esta clase de inteligencia son aquellos capaces de tocar instrumentos, leer y componer piezas musicales con facilidad y que las personas con una mayor inteligencia musical suelan desarrollar todavía más esas habilidades y acaben convirtiéndose en músicos.

- *Inteligencia corporal:* Las personas que destacan más por medio de esta inteligencia son las que conectan más fácilmente con su cuerpo y el modo en el que este puede ser movido. Los bailarines, actores y deportistas, por ejemplo, exhiben esta habilidad cuando coordinan muchos grupos de músculos para realizar movimientos armónicos y gestos exactos.

- *Inteligencia intrapersonal:* Este tipo de inteligencia tiene que ver con el modo en el que aprendemos a analizar todo aquello que ocurre en nuestra mente, especialmente si son emociones. Se refiere a aquella inteligencia que nos faculta para comprender y controlar el ámbito interno de uno mismo en lo que se refiere a la regulación de las emociones y del foco atencional.

Las personas que destacan en la inteligencia intrapersonal son capaces de acceder a sus sentimientos y emociones y reflexionar sobre estos elementos. Según Gardner, esta inteligencia también permite ahondar en su introspección y entender las razones por las cuales uno es de la manera que es.

Por otro lado, tanto saber distanciarse de la situación para desdramatizar eventos con un impacto emocional negativo como saber identificar los propios sesgos de pensamiento son herramientas muy útiles tanto para mantener un buen nivel de bienestar como para rendir mejor en diferentes aspectos de la vida. Por ejemplo, examinar una sensación desagradable y extraer de ella una lección vital valiosa con relativa facilidad es un signo de que esta habilidad está muy desarrollada.

- *Inteligencia interpersonal:* Esta capacidad tiene que ver con la empatía y el modo en el que tenemos éxito al imaginar cuáles son los estados mentales que están ocurriendo en los demás, rápidamente y en tiempo real. Es un tipo de inteligencia esencial en las relaciones personales, y en el ámbito profesional es utilizada por negociadores y comerciales, entre otros. Nos faculta para poder advertir cosas de las otras personas más allá de lo que nuestros sentidos logran captar. Se trata de una inteligencia que permite interpretar las palabras o gestos, o los objetivos y metas de cada discurso. Más allá del contínuum Introversión-Extraversión, la inteligencia interpersonal evalúa la capacidad para empatizar con las demás personas.

Es una inteligencia muy valiosa para las personas que trabajan con grupos numerosos. Su habilidad para detectar y entender las circunstancias y problemas de los demás resulta más sencillo si se posee (y se desarrolla) la inteligencia interpersonal. Profesores, psicólogos, terapeutas, abogados y pedagogos son perfiles que suelen puntuar muy alto en este tipo de inteligencia descrita en la Teoría de las Inteligencias Múltiples.

- *Inteligencia naturalista:* permite detectar, diferenciar y categorizar los aspectos vinculados al entorno, como por ejemplo las especies animales y vegetales o fenómenos relacionados con el clima, la geografía o los fenómenos de la naturaleza.

Esta clase de inteligencia fue añadida posteriormente al estudio original sobre las Inteligencias Múltiples de Gardner, concretamente en el año 1995. Gardner consideró necesario incluir esta categoría por tratarse de una de las inteligencias esenciales para la supervivencia del ser humano (o cualquier otra especie) y que ha redundado en la evolución.

Una habilidad que tiene que ver con el éxito que tenemos a la hora de improvisar con los elementos de los que disponemos en nuestro entorno para utilizarlos de forma creativa y novedosa. Por ejemplo, un explorador que improvise un refugio con unas cortezas especiales y con otras fibras vegetales demuestra destacar en esta capacidad.[3]

Vemos pues que los empleados ya no se pueden ver como simples personas que ayudan o cubren un puesto; se les debe ver

---

[3] https://www.cuerpomente.com/psicologia/educacion/teoria-inteligencias-multiples-howard-gardner_1012 y https://psicologiaymente.com/inteligencia/teoria-inteligencias-multiples-gardner

como personas que aportan sus talentos e ideas al desarrollo de la empresa y eso es lo que debemos gestionar. Aquellos empleados que solo realizan una tarea específica sin que se les pida o motive a innovar a generar ideas nuevas para optimizar lo que hacen, en realidad no aportan al desarrollo de la empresa, y a la larga resultan costosos económicamente hablando.

¿Pero de quién depende que el aporte del empleado sea más allá de su tarea específica?, pues del Gerente o del dueño de la empresa (PYME) quien debe generar la estrategia que permita crear el caldo de cultivo, el ambiente ideal para que las ideas y los talentos se desarrollen y crezcan.

Durante una entrevista de trabajo, una joven de nombre Melissa me comentó que en un empleo anterior, se motivaba al personal a aportar ideas que permitieran mejorar procesos, generar ahorros, innovar servicios, etc. Un caso práctico y sencillo ocurrió cuando se le asigno evaluar cómo mejorar un proceso productivo. Decidió como primera medida ir a conversar con todos los empleados involucrados en dicho proceso, saber que hacían y porque hacían lo que hacían. Así un chofer de camión comentó si no era posible tener un estanque de aceite del mismo tamaño del estanque de agua que tenía en el camión. Al preguntar ella a que se debía la pregunta, el chofer le indicó que le aceite se consumía muy rápido durante el turno y eso le obligaba a volver al depósito cerca de cinco veces, sin embargo el agua raras veces se agotaba. En lugar de Melissa contestar que así se había hecho por mucho tiempo, se dedicó a analizar la pregunta, y ver la factibilidad de cambiar el tamaño del estanque. Luego del análisis y el cambio en prueba, la sugerencia de aquel empleado significó ahorros significativos a la operación, tanto en horas hombre, combustible, desgaste de equipo, etc.

Todo empleado puede aportar a la eficiencia de la operación, siempre y cuando se les escuche, se les tome en cuenta, se analicen sus comentarios e ideas. No hay mayor motivación para una persona que sentir que sus ideas han ayudado a mejorar un proceso, a hacer un mejor servicio o un mejor ambiente para todos.

Charles G. Koch dijo: "...si una evaluación de la performance de un empleado solamente incluye su contribución a los beneficios inmediatos pero no el efecto en términos de beneficio y cultura de largo plazo, estamos inadvertidamente desafiando a los empleados a trabajar sobre cosas erróneas"[4]

Tenemos que orientar al empleado para que se sienta parte de la empresa y que sepa que sus contribuciones van más allá de los resultados inmediatos, que sienta que queremos un trabajo de equipo a largo plazo.

Otro punto no menos importante con referencia a los empleados, es el hecho que ellos no solo deben aportar talento a la organización, sino que sus principios deben estar alineados con los principios de la empresa. Y eso lo debemos evaluar tanto durante el momento de la incorporación, como durante su desempeño en la empresa. Si esa alineación no ocurre, entonces el talento no va a ser suficiente para que se vuelva un aporte real. Entendamos los principios como los valores morales que la persona tiene.

Un proverbio chino dice: "Las leyes controlan a los hombres pequeños. La correcta conducta controla a los grandes hombres". Y por otro lado Aristóteles dijo: "Las grandes virtudes son aquellas que son las más útiles a los demás."

---

[4] Charles G. Koch; *"The science of success"*, John Wiley & Sons, Inc., Hoboken, New Jersey 2007, pág. 43 – traducción libre

Es cierto que el talento es importante, pero la virtud es al menos más importante que el talento. La virtud será la que protegerá el talento y le permitirá seguir creciendo y aportando. John Maxwell, lo sentencia de esta manera: "Muchas personas con talento logran colocarse en primer plano, pero los que han ignorado desarrollar un carácter firme raramente se mantienen allí por mucho tiempo. La ausencia de un carácter firme con el tiempo arruina el talento. ¿Por qué? Porque las personas no pueden escalar más allá de las limitaciones del carácter. Las personas talentosas a veces son tentadas a tomar atajos. El carácter previene eso."[5]

Estas virtudes que se entrelazan con el carácter, son las que finalmente se traducen en las reglas de conducta que la sociedad espera de una persona, una empresa, institución, etc. Son las reglas de comportamiento que nos definen como seres humanos y nos permiten formar nuestra sociedad. Seguramente alguien podrá decir que ciertas normas occidentales no son las mismas que en oriente y viceversa. Y seguramente existen normas de conducta aceptadas dentro de una sociedad que no son aceptadas en otra. Pero ese no es el punto de discusión, pues no estamos evaluando si una norma es más o menos moral que otra. Lo que estamos planteando es que si queremos desarrollar nuestra empresa dentro de una sociedad, será necesario cumplir las normas que dicha sociedad ha aceptado como válidas y los empleados que conforman nuestra empresa, también deberán alinearse a dichas normas. Pero para alivio de todos, la mayoría de las normas son universalmente aceptadas y eso nos distingue como humanidad.

"Cada organización tiene su propia cultura. Esta puede ser creada intencionalmente por la organización o inadvertidamente

---

[5] John C. Maxwell; *"El talento nunca es suficiente"*, Grupo Nelson, Tenessee 2007, pág 219

por otras fuerzas. En cada caso, una cultura organizacional es determinada por la conducta de sus miembros y las reglas fijadas por sus líderes y gobernantes"[6]

A modo de ejemplo, me permito compartir la guía de principios de "Koch Industries Inc.:

1. **INTEGRIDAD:** conducir todos los asuntos legalmente y con integridad

2. **COMFORMIDAD:** esforzarse por 10.000% de conformidad, con 100% de los empleados cumpliendo plenamente el 100% de su tiempo. Asegurando excelencia en medioambiente, seguridad, y todas las áreas de cumplimiento. Pare, piense y pregunte.

3. **CREACION DE VALOR:** Crear real valor a largo plazo por medios económicos. Entendiendo, desarrollando y aplicando el MBM (modelo de gestión basado en el mercado) para alcanzar resultados superiores. Eliminar los desechos.

4. **PRINCIPIO DE ESPIRITU EMPRESARIAL:** demostrar el sentido de urgencia, disciplina, responsabilidad, juicio, iniciativa, habilidades de pensamiento crítico y económico, y la mentalidad de tomar riesgos necesaria para generar la mayor contribución a la compañía y la sociedad

5. **FOCO EN EL CONSUMIDOR:** entender y desarrollar relaciones con los consumidores para anticipar provechosamente y satisfacer sus necesidades.

6. **CONOCIMIENTO:** Buscar y utilizar el mejor conocimiento y compartir proactivamente su conocimiento

---

[6] Charles G. Koch; *"The science of success"*, John Wiley & Sons, Inc., Hoboken, New Jersey 2007, pág. 79 – traducción libre

mientras abraza un proceso de desafío. Medir la rentabilidad siempre que sea práctico.

7. **CAMBIO:** Abrace el cambio. Imaginar cual podría ser el desafío del status quo. Y conducir una destrucción creativa.

8. **HUMILDAD:** Practique la humildad y honestidad intelectual. Constantemente busque entender y lidiar constructivamente con la realidad para crear un real valor y alcanzar una mejoría personal.

9. **RESPETO:** tratar a otros con dignidad, respeto, honestidad y sensibilidad. Apreciar el valor de la diversidad. Animar y practicar el trabajo en equipo.

10. **CUMPLIMIENTO:** produzca resultados que creen valor para alcanzar todo su potencial y encontrar satisfacción en su trabajo "[7]

Contar con un empleado talentoso es útil para una empresa, pero si este empleado carece de valores y ética de carácter, la empresa corre un riesgo enorme de sufrir daños y destrucción de patrimonio.

Por el contrario contar con un empleado con valores y ética de carácter, pero sin talento, es como tener un gran adorno en casa, que agrada pero no produce.

Recordemos siempre que cuando hablamos de empleados, estamos hablando de personas y eso implica la relación interpersonal entre ellas. Esta relación se basa en principios de confianza, credibilidad, respeto y buena comunicación.

---

[7] Charles G. Koch; *"The science of success"*, John Wiley & Sons, Inc., Hoboken, New Jersey 2007, pág. 80 - traducción libre

Así como escuchar, también es importante saber comunicar. Y lo que se comunique desde la Gerencia, debe ser coherente con lo que se haga. Como decía el poeta filósofo Ralph Waldo Emerson: "Tus acciones resuenan tan fuerte en mis oídos que no puedo escuchar lo que dices".

En una empresa me comentaban lo siguiente: "en el año tal, cuando la Gerencia anunció que estábamos en un momento financiero crítico, y que por tanto se debían hacer esfuerzos por ahorrar y bajar costos, fue el año en que más dinero gastamos. Se realizaron más viajes al extranjero de funcionarios, se adquirieron vehículos, tuvimos más almuerzos y cenas para festejar eventos, y otros gastos"

Cuando los directivos deben anunciar cambios en las políticas de la empresa, no deben subestimar nunca el efecto que estos anuncios puedan producir dentro del personal. Por ello es importante asegurarse que el personal entienda las razones de los cambios y sus implicancias, y que ellos puedan ser convertidos a dichos cambios. Solo así ellos serán parte de los mismos y los apoyaran para alcanzar los resultados propuestos.

Gerry Johnson y Kevan Scholes resaltan los siguientes puntos a considerar cuando se deba plantear un cambio en la estrategia organizacional:

- "Los motivos para cambiar la dirección estratégica pueden ser muy complejos, y la estrategia en sí puede, por tanto, implicar ideas complejas. Sin embargo, para que el cambio sea efectivo, es importante que se comunique de tal manera que la complejidad tenga un significado que pueda ser asimilado en toda la organización.

- Puede resultar importante clarificar y simplificar aún más las prioridades de la estrategia.

- Existen elecciones entre las formas de comunicación para explicar la estrategia...Para comunicar un conjunto de cambios muy complejo, resultaría inadecuado utilizar los comunicados y circulares estandarizados , sin ninguna posibilidad de interacción o intercomunicación...los miembros de la organización que no estén implicados en el desarrollo de la estrategia consideraran que los efectos del cambio son algo ajeno a las rutinas,...así pues, es deseable lograr una comunicación que implique interacción y participación.

- La participación de los miembros de la organización en el proceso de desarrollo estratégico o en la planificación del cambio estratégico es también, por si misma, un medio de comunicación que puede resultar muy efectivo.

- La comunicación tiene que ser considerada como un proceso de doble sentido. El feedback de la comunicación es importante, sobre todo si los cambios que se van a introducir son difíciles de comprender o constituyen una amenaza, o si es muy importante conseguir que se comprendan bien. Pocas veces se conciben los cambios de forma que tengan significado o puedan ampliarse a niveles inferiores de la organización. Además el propósito de los cambios puede entenderse mal, o aplicarse mal en estos niveles inferiores. Estos problemas pueden abordarse de distintas formas. Si se ha producido una comunicación en cascada dentro de la organización, es posible utilizar este proceso para obtener el feedback. Puede resultar útil crear "grupos de atención" que proporcionen la retroalimentación necesaria a los altos ejecutivos para que implanten y se acepten los cambios.

- Sin embargo, existe otra razón por la que la comunicación es muy importante. La comunicación se produce en las organizaciones no sólo porque los directivos que quieren realizar cambios deseen comunicarlos, sino también porque los demás miembros de la organización tienen que saber lo que está ocurriendo. Por tanto se comunican los unos con los otros. Esto suele ocurrir mediante rumores, cotilleos, e historias. En efecto, se ha señalado que en momentos de amenazas o de cambios, aumenta el número de historias que se cuentan. Al dirigir el cambio, no sólo hay que comunicar, sino que hay que hacerlo de tal manera que se eluda la inevitable contra comunicación."[8]

Charles Koch, comentando su experiencia en Industrias Koch, referente al establecimiento del modelo Gerenciamiento Basado en el Mercado (MBM), nos dice que fue necesario establecer un Grupo de Desarrollo Koch, orientado a entrenar y ayudar a los empleados de Industrias Koch a comprender y aplicar los conceptos y mentalidad del modelo a fin de alcanzar resultados.[9]

En este punto, volvemos al comentario inicial en que decíamos que los empleados también han "invertido" en la empresa. Entonces tomando en cuenta esta premisa debemos considerar que si queremos que un cambio en la organización de resultado, debemos incorporar a todos los empleados en dicha idea

---

[8] Gerry Johnson y Kevan Scholes; *"Dirección Estrategica"*, Editorial Prentice Hall, 5ta Edición, pág. 472-474
[9] Charles G. Koch; *"The science of success"*, John Wiley & Sons, Inc., Hoboken, New Jersey 2007, pág. 40

y hacerles sentir que el cambio es para ellos algo propio. Cuando el empleado siente que el cambio es algo de su propiedad (y para esto debería haber tomado parte en el proceso de creación del cambio – cualquier nivel de participación-) lo defenderá, cuidará y hará todo su esfuerzo por que resulte. Se debe invitar a todos los empleados a subirse al barco y trabajar en pos del destino trazado. Y para eso ellos deben conocer y visualizar ese destino.

Con ello en mente, podemos darnos cuenta que surgirán en el camino muchas ideas e innovaciones provenientes de estos empleados que buscan y anhelan hacer crecer su "inversión".

Muchas grandes ideas no provienen de los altos mandos o de las estrellas ejecutivas, provienen de los empleados que están en el frente del negocio, en la "trinchera", aquellos que ven el día a día de los procesos, de los servicios, del negocio. El secreto está en realizar cosas extraordinarias con gente ordinaria.

Sin embargo existe la tendencia de pensar que si contratamos empleados estrellas, estos redundaran en un desarrollo explosivo de la compañía, solucionaran los problemas que podamos tener actualmente y que su incorporación producirá un milagro exitoso tal cual no hemos visto anteriormente. ¿Pero cuánto de esto es cierto? En la publicación efectuada por Boris Groysberg, Ashish Nanda y Nitin Nohria, bajo el título "El alto riesgo de contratar estrellas", en el Harvard Business Review de mayo de 2004, comentan algunos descubrimientos que realizaron mientras estudiaban este fenómeno:

- "el desempeño de un ejecutivo depende tanto de sus competencias personales como de las capacidades de la empresa en que trabaja, por ejemplo sus sistemas y procesos"; es como subir a un corredor de autos de

Fórmula 1, en un city car y pedirle que corra sobre los 200 km/h, podrá tener competencias personales, pero no cuenta con el equipo que le permite demostrar sus competencias.

- "Cuando una estrella intenta aprender sobre los procedimientos, personalidades, relaciones y subculturas de una organización, es obstaculizada por las actitudes de sus nuevos colegas. Los otros ejecutivos – resentidos con el recién llegado (y con su salario) – lo evitan, le ocultan información y se niegan a cooperar. Eso daña el ego de la estrella, junto con su capacidad de acción"; se debe tener en cuenta que lo que se busca con la contratación de una persona es reforzar un equipo y no desequilibrarlo, "las estrellas" pueden proyectar tal luz, que ciegan al resto del equipo y finalmente todo se vuelve tinieblas. "Como resultado, el desempeño del grupo es perjudicado por varios años. A veces el equipo (o lo que queda de él) vuelve a la normalidad sólo después que la estrella ha dejado la empresa. El dinero que ganan las estrellas no es el único problema. Sus compañeros de trabajo a menudo se desmotivan porque sienten que tienen que buscar fuera de la organización si desean crecer u ocupar posiciones de liderazgo".

- "…como sospechamos, la caída en el desempeño fue más pronunciada en analistas que se cambiaron de una empresa grande a una pequeña, perdiendo los recursos específicos de esta"

- "…pero es más importante que las empresas cultiven sus propias estrellas, aun cuando el proceso sea lento, caro y riesgoso. Las estrellas hechas en casa no solo tienden a desempeñarse mejor que las importadas, sino que también son más leales … La mayoría de las empresas contrata

35

personas que trabajan duro, pero no invierte demasiado en desarrollarlas o conservarlas, sino que se concentra en retener a las estrellas de alto nivel traídas desde fuera"

- "Por último, no deben olvidar nunca a las estrellas que ya poseen. Por ejemplo, Goldman Sachs evitó desmotivar a las estrellas hechas en casa y a las contratadas anteriormente, ofreciéndoles el mismo rango de remuneración que a las recién llegadas...De hecho, el primer paso para ganar la batalla por el talento es no contratar estrellas, sino que cultivar las propias" Cultivar las propias estrellas, requiere de planificación, esfuerzo constante y paciencia, pero logra obtener mejores resultados en el largo plazo y fijar bases sólidas de crecimiento de la empresa". [10]

Por otro lado, hay que tener en cuenta que cada vez es más difícil retener los talentos que tenemos en la organización. No solo se trata de mayores remuneraciones, sino de entusiasmar a las personas con proyectos y desarrollos personales, con un buen ambiente laboral y el poder sentir la alegría y gozo de ir a laborar día a día. El empleado debe sentir pasión por lo que hace, pero también debe sentir que la empresa se interesa en tenerlo y que se compromete con él o con ella. Esto es como una relación amorosa, ambos miembros de la pareja necesitan sentirse amados, necesarios, sentir el compromiso del otro en la relación y sentir adrenalina en la relación, siempre debe haber cosas nuevas, diversión y pasión. No es suficiente con que no exista conflicto (pues eso es lo básico que se espera) sino que debe haber interés de uno hacia el otro por re encantar la relación de manera constante.

---

[10] Groysberg, Boris; Nanda,Ashish y Nohria,Nitin; *"El alto riesgo de contratar estrellas"*, publicado en Harvard Business Review, América Latina, Mayo 2004

El gestor de talento debe buscar el desarrollo del empleado y ayudarle a enfrentar nuevos desafíos, (que no siempre significan ascensos) lo que implica un entrenamiento constante.

Pilar Jericó en su libro "La Nueva Gestión del Talento" enumera un decálogo de cualidades y acciones que deberá considerarse en el Gestor de Talento:

1. "Tiempo y recursos: su función será dedicarse en cuerpo y alma a mimar el talento.

2. Estratega del talento: Analizará las necesidades de la compañía, y por otro lado el punto de vista del talento a cautivar, ¿Cuál será la propuesta de valor a entregarle? ¿Por qué le podría interesar trabajar para la compañía?

3. Constante casanova: Darse a conocer en las fuentes de talento, y promoviendo los puntos fuertes de la compañía, es decir seduciendo a los potenciales. Innovar en los avisos de pedido, buscará no solo la capacidad académica sino la inteligencia emocional del futuro candidato.

4. Informívoro del talento: recogerá información continua y sobretodo de los movimientos del mercado, aun cuidando del pequeño enemigo, últimamente los cambios tecnológicos han promovido el emprendimiento a todo nivel.

5. Catador del talento: seleccionará en relación a las capacidades, al compromiso y a lo que es capaz de hacer. Conseguir el compromiso de los profesionales es vital, pues garantiza que se motive a aportar y sobre todo a pertenecer a la organización. Por otro lado, deberá considerar la diversidad si quiere adquirir creatividad e innovación, esto lo conduce a ser flexible. Un profesional con talento es exigente y puede que interrogue más en la

entrevista que lo que podría hacer el entrevistador, pues sabe lo que quiere y puede escoger porque es bueno.

6. Entrenador de entrenadores: Comprobará que la organización no tiene techos de cristal y que existen alternativas de desarrollo sin necesidad de ascender. Colaborará en la identificación de posibles candidatos para la promoción y en la formación de las capacidades.

7. Constructor del compromiso: protegerá a la organización para que los profesionales no deseen cambiar de empresa mediante la gestión de los estilos de liderazgo, diferencias entre la cultura actual y la deseada, el clima de los equipos, los niveles de equidad interna y externa de la retribución. No solo cuidar las buenas intenciones (liderar bien, pagar bien, buena cultura…) sino ejecutarlas con acciones concretas. El objetivo es: reforzar el compromiso de los profesionales.

8. Solucionador predispuesto: cuando un profesional no alcanza los resultados esperados, deberá analizar las causas, visualizar soluciones (puede ser cambios de posición dentro de la organización), capacitaciones y entrenamiento, ayudar a encontrar otras alternativas fuera de la empresa si es que la desvinculación es la alternativa.

9. Involucrador organizativo: para poder desarrollar lo anterior debe contar con el apoyo de la Alta Gerencia, de lo contrario, son solo buenas intenciones. Deberá involucrar a toda la organización en su actividad, no puede ser una isla en la organización. Pues su trabajo lleva sangre a toda la organización.

10. Negociador en el último segundo: Si se enfrenta a un talento que ha decidido emigrar, porque no sostener una charla distendida y averiguar las verdaderas razones de la

decisión del cambio, tal vez en ese momento se puede presentar una contraoferta que lo disuada. No es bueno aceptar solo la decisión del que parte, sino entender que conlleva esa decisión y analizar si en realidad es bueno o no para la organización su partida, y si no lo es, pues hay que retenerlo con imaginación y contrapropuestas atractivas, que surgirán luego de conocer las razones reales." [11]

Sin perjuicio de lo anterior, hay que tener en consideración que no todos los "participantes" van a estar siempre dispuestos a seguir manteniendo su "inversión" en la empresa, y por otro lado a la empresa puede llegar a no serle útil contar con un determinado "participante", y ello entonces produce una salida o desvinculación de la relación, lo cual es sano y debe atenderse como algo que a veces es necesario y útil.

Por ello es importante hacer una contratación de empleados minuciosa, sin apuro, conociendo o teniendo muy bien definido el perfil y responsabilidades del puesto, las habilidades duras y blandas que el puesto requiere y conocer lo mejor posible al candidato. El contratar a alguna persona solo porque necesita trabajar o porque nos parece simpático, no significa que dará resultados adecuados. Si bien debemos hacer este trabajo de manera minuciosa y tal vez nos tome más tiempo del que deseáramos, será un tiempo bien invertido. Por el contrario si en un momento detectamos que se debe desvincular a un empleado, este proceso debe ser rápido. Contar con una persona que nos damos cuenta que no progresa en el puesto, no es un aporte o desestabiliza

---

[11] Jericó, Pilar, "*La Nueva Gestión del Talento – Construyendo Compromiso*", Ed. Prentice Hall, pág. 191-194.

la organización, solo traerá problemas internos que serán difíciles de solucionar, sin considerar los costos que ello significa.

De igual manera, que seleccionamos a los empleados, debemos hacerlo con los socios capitalistas o accionistas que participaran de la propiedad de la empresa. Su selección debe ser muy meticulosa y meditada. Pero también debe contar su incorporación, con cláusulas de salida que permitan terminar la sociedad sin dañar la organización inicial. Si el nuevo socio, no está dispuesto a aportar lo que se esperaba, ni toma medidas para su cumplimiento, la sociedad debe terminar.

Otro eslabón importante en la cadena que da estabilidad a la empresa son sus proveedores, un socio importante que si se atiende adecuadamente puede dar muchas oportunidades de desarrollo y progreso. Una buena relación con el proveedor, provee (valga la redundancia) no solo de mercadería, sino de conocimiento, estrategia, financia muchas de las operaciones y da reputación a la empresa. El descuidar la relación con el proveedor, es como descuidar la alimentación que uno debe recibir día a día.

Se debe tener una visión a largo plazo en la relación con el proveedor, la cual permite que ambos proveedor – empresa cliente, desarrollen mutua confianza y así promuevan un negocio que beneficie a ambas partes. "Los proveedores que están seguros de la dinámica del negocio de un cliente son más dados a invertir en la relación…En la industria automotriz, los proveedores construyen plantas de producción de productos específicos al lado de la fábrica de ensamblaje del cliente, para asegurar las entregas a tiempo. Pero ciertamente tales inversiones son excesivamente arriesgadas sin visión a largo plazo"[12].

Considerar al proveedor como un socio estratégico, amplía la visón de la relación y genera sinergias que permiten incursionar en nuevos negocios o potenciar los actuales. Es importante tener presente que ambos, tienen el mismo interés de que el producto final llegue en buenas condiciones al consumidor y que este se sienta tan satisfecho que vuelva a comprar o recomiende a otros la compra de productos provenientes de dicha cadena de suministros. Pero a veces se tiene una visión miope que dice que se puede tratar mal al proveedor, pues este al final del día nos necesita como compradores de sus productos o servicios. Pero eso no es cierto, así como nosotros, el proveedor día a día busca ampliar su red de clientes y depender cada vez menos de un solo consumidor. En la medida que él aumente su red, y que el trato que le dispensamos sea pobre o desprolijo, disminuirá su colaboración con la empresa al punto de llegar a dejar de proveerle. En ese momento la empresa está en una situación de riesgo para sus propios negocios. Este proveedor se vuelve un "participante" que se retira de la inversión.

Por el contrario un proveedor contento con la relación, aporta conocimiento, pues comparte sus desarrollos, se compromete a apoyar los desarrollos de la empresa en pro de mejorar los espacios de negocio, provee financiamiento barato, pues por lo general su crédito no lleva consigo una tasa de interés, y aun cuando su crédito puede ser de corto plazo, ayuda considerablemente a financiar el proceso de venta.

---

[12] Laseter, Timothy M, *"Alianzas estratégicas con proveedores – Un modelo de abastecimiento equilibrado"*, Ed. Norma 2000, Bogotá, pág. 103

Debemos recordar que al proveedor le interesa que a su cliente – empresa le vaya bien, pues de esa forma se asegura una venta continua a lo largo del tiempo.

El que permite que todo el proyecto empresarial surja es finalmente el cliente, él es quien aprueba nuestro modelo de negocio, lo valida y lo recomienda. ¿Porque considerarlo como un "accionista" más?, porque con su dinero recuperamos nuestra inversión pero también nos permite volver a invertir, porque él deposita su confianza en nuestro producto o servicio, porque será nuestro promotor hacia otros clientes (entonces también se vuelve una parte interesada) y porque le interesa poder decir que cuenta con un proveedor de calidad, que fortalece su cadena de suministro que agrega valor a sus procesos y que le asegura un producto o servicio confiable, que justifica plenamente lo que él invirtió en ello.

Es por ello que la relación con el cliente debe fortalecerse y cuidarse día a día. Esta debe ser una relación de largo plazo. Pensar solo en la venta de hoy descuidando los potenciales negocios que se pueden desarrollar en el futuro, es tener una visión miope del negocio.

La relación se fortalece en la medida que ambas partes aportan. Y por el lado del vendedor, no puede pensar que su aporte es solo el dar productos al cliente, sino que debe aportar ideas y soluciones a su cliente. El vendedor hoy en día ya no es el dueño del conocimiento, pues el acceso al conocimiento se ha ampliado; entonces ¿Qué es lo que aporta?, aporta una experiencia de compra única, un paquete de servicio que va más allá del producto en sí. Sin embargo, muchas veces esas ideas y soluciones se pueden convertir en NO ventas para él, y si para su competencia, pero en el largo plazo, el cliente volverá a él con un negocio más grande.

Jürgen Klaric, en su libro "Véndele a la Mente, No a la Gente", insiste en la idea de compartir: "Yo comparto todo y la prueba es que hay más de cien de mis videos en You Tube, que pueden verse gratuitamente, y todos los días regalo 20 tips en Facebook, ya sean de marketing, innovación o neuroventas. Cuanto más entrego, más obtengo, eso es algo que tenemos que entender y más en el mundo de las ventas: **el que da, siempre recibe**. Esa es una de las claves en las neuroventas, porque la mente viene programada para ser solidaria."[13]

Dependiendo de qué es lo que vendemos u ofrecemos al mercado, será lo que aportaremos a nuestro cliente. Ya no es suficiente el tema de las muestras gratis o los regalitos de merchandising (los cuales siguen siendo útiles para hacer reforzamiento de recuerdo de marca), sino que debemos ir unos pasos más adelante y eso pasa desde capacitaciones gratuitas sobre el uso de los equipos que suministramos, charlas de desarrollo de negocios, apoyo en el desarrollo de proyectos piloto de nuevos productos que esté desarrollando nuestro cliente (para el caso del B2B), hasta el involucramiento gerencial aportando soporte innovador a nuestro cliente. Algunas empresas han llegado a prestar o contratar a su nombre, asesores para sus clientes. Apoyándolos en áreas contables, recursos humanos, logística entre otras.

Obviamente este tipo de alianza es de común acuerdo, pero esto garantiza para ambas partes el poder competir en mejores condiciones, pues ambos están involucrados en una causa común.

Para el caso del B2C, también podemos apoyar a nuestro cliente conociendo sus necesidades, para que compra lo que nos

---

[13] Jürgen Klaric, *"Véndele a la mente, no a la gente"* – Editorial Planeta Chilena S.A., Santiago de Chile, pág. 27

compra, y ofrecerle soluciones más innovadoras, duraderas y de mejor relación costo/beneficio. El cliente debe poder sentir que negociando con nosotros, recibe más que solo un producto, recibe un soporte que lo acompaña durante la vida útil del producto adquirido.

No hay peor experiencia para un cliente (sea B2B o B2C), que presentándose un problema con el producto, su reclamo se vuelva un vía crucis de larga duración. Y la peor actitud del proveedor es esconder la cabeza como el avestruz, eso solo agrava el problema y no ayuda en la relación de largo plazo. Es mejor aún gestionar la devolución del dinero y compensar algunos daños perdiendo en esa ocasión, que tomar la actitud de desconocer toda responsabilidad. Si tenemos una visión de negocio a largo plazo, nunca tendremos una actitud de avestruz.

Aprovecho a comentar dos historias que ilustran lo que es una buena atención al cliente y que generan esa "Sociedad" que comentó Alberto: Hace unos días atrás, mi hermana me contó que con su esposo estaban reparando su motorhome, para volver a salir a pasear. Este ya era un equipo viejo, tiene más de 20 años, así que encontrar repuestos no es tarea fácil, y menos si se quiere algún repuesto original. Bueno, uno de sus problemas estaba con el refrigerador, que un día congelaba como el polo norte y al otro descongelaba como si estuviera en el Sahara. Se dieron cuenta que el problema estaba en la tarjeta electrónica. Fueron a una tienda que vendía este tipo de refrigeradores, pero les dijeron que no contaban con el modelo y menos con el repuesto. Mi hermana que no se da por vencida, comenzó a buscar en internet, y dio con la fábrica del refrigerador. Les escribió, y recibió una respuesta después de dos días, le decían que era un modelo viejo pero que si contaban con la tarjeta en stock, así que le pedían la dirección para enviársela. Ella les preguntó el valor de la tarjeta, y ellos le dijeron que el equipo estaba bajo garantía, por lo que iban a enviar la tarjeta sin costo. Nunca le pidieron el certificado de garantía, ni cuestionaron el tiempo del equipo, simplemente cumplieron con su compromiso de garantía de por vida. Se trata de DOMETIC, una empresa dedicada a la fabricación de refrigeradores.

La otra historia, proviene de un post que leí en Linkedin sobre una experiencia de servicio al cliente, que una persona escribió: "En mis vacaciones, junto a mi familia, tomamos un crucero de Disney. En la fiesta de Star Wars, mi hijo Tomas de 7 años me pidió comprar un sable láser. Fuimos a la tienda y está había cerrado recientemente, lo que provocó una gran frustración a mi hijo. Se acerca una persona de Disney y nos pregunta que pasa y automáticamente se dirige a la tienda, la abre, conversa con los vendedores y nos vende el producto."[14]

Lo que estoy comentando, es para resaltar que el cliente debe recibir una experiencia de "satisfacción al cliente" mayor que solo el comprar el producto. Debe saber que puede contar con la empresa como contaría con un amigo. Obviamente esto requiere una filosofía y comportamiento de toda la empresa y no solo de uno o dos empleados, o de uno o dos departamentos. Es un tema integral que debe entretejerse en las fibras de toda la organización.

Lo que estamos hablando es de crear valor para el cliente o la sociedad. Koch menciona: "Compañías exitosas crean valor por medio de proveer productos o servicios que sus clientes valoran más que las alternativas disponibles. Ellos hacen esto por medio de consumir menores recursos, dejando más recursos disponibles para satisfacer otras necesidades en sociedad. Creación de valor

---

[14] Posteo de Matías Verdugo, en LinkedIn.

involucra hacer mejor la vida de las personas. Esto es una contribución a la prosperidad de la sociedad. Crear valor es el rol de los negocios en la economía de mercado. Negocios que no crean valor no están realzando la vida de las personas. De hecho, negocios que destruyen valor son perjudiciales a nuestra vidas."[15]

Finalmente la sociedad, que si bien no es un inversor monetario directo, si recibe el efecto colateral de nuestro proyecto empresarial; para bien o para mal, es la sociedad quien recibe una externalidad (efectos que recibe la comunidad como consecuencia de nuestro actuar) que puede ser positiva o negativa según como la empresa proceda en sus procesos. Por consiguiente si la sociedad siente que está recibiendo una externalidad negativa, será ella la que empezará a exigir cambios en el proceso y aún podría exigir a sus autoridades a actuar contra dicha empresa, restringiéndola o llegando al extremo de clausurarla o exigirle un cambio de ubicación. Desde externalidades como ocupar espacio públicos con los vehículos de la compañía, producir ruidos molestos, generar exceso de basura que se deposita en espacios públicos, etc; son motivantes a reclamos sociales. Pero por otro lado podemos producir externalidades positivas, como el embellecimiento del sector, aumento de la seguridad, apoyo a la comunidad con quienes se convive en proyectos sociales, etc. ayudan a mejorar la imagen de la empresa y generan un reconocimiento social que redunda en beneficios que aportan ingresos a la empresa, ingresos no necesariamente monetarios, pero sí de reputación, aceptación social, y en algunos casos algo más extremos puede significarle un apoyo ciudadano en caso de algún intento de cambio legislativo.

---

[15] Charles G. Koch; *"The science of success"*, John Wiley & Sons, Inc., Hoboken, New Jersey 2007, pág 55-56 – traducción libre

Así podemos considerar a la Sociedad como un "accionista" que no aporta dinero pero si sus habilidades.

Estamos de acuerdo que para una PYME no es tarea fácil generar externalidades positivas, debido a sus escasos recursos, sin embargo aun así se pueden realizar aportes que generen un impacto positivo. Por ejemplo, ayudar en la limpieza y conservación de una plaza pública del sector, plantar árboles, mantener limpio el entorno de la empresa. En asociación con otras empresas del sector realizar un proyecto de servicio en la escuela pública, o apoyar a hacer un programa navideño para los niños del vecindario, etc. Y principalmente no generar externalidades negativas, que son las que causan molestias al vecindario y de las que todos se fijan y recuerdan con mayor grado.

—Bien abuelo, estoy de acuerdo con tu manera de pensar, pero eso no soluciona mi problema, mi negocio ya no marcha como antes, y si sigo así, tendré que cerrar y tus "accionistas" perderán su inversión junto conmigo— replicó Jorge.

—Qué crees que ayudaría a tu empresa a volver a crecer— preguntó el abuelo.

—Bueno, obviamente que los clientes me compren más, o en otras palabras que yo venda más.

—Entonces hagamos una reunión de "accionistas".

— ¿De qué hablas, abuelo?, ¿estas sugiriendo que reúna a mis socios, a los empleados, a los proveedores, a los clientes, y a representantes de la comunidad?, eso es ridículo.

—No estoy hablando de una reunión tradicional.

Por un momento Jorge quedó pensativo mirando a su abuelo, como queriendo dilucidar qué era lo que estaba pensado, a que se refería con esa famosa reunión de la que hablaba. Sabía que su abuelo muchas veces había hecho cosas poco tradicionales, así que le dio una vuelta más a la idea que le estaba planteando.

—No es necesario juntar a todos en una misma sala para tener una reunión— dijo el abuelo.

—Ok, entiendo, hablas de reunirme informalmente o coloquialmente con las partes, y conversar con ellos, pero quieres ¿qué le diga a un cliente que me va mal en el negocio?, no va a querer seguir comprándome, o a mis proveedores, me cortarán el crédito, podría ser contraproducente— se quejó Jorge.

—No dije que tenías que decir a todos exactamente cuál es tu situación, pero si poder conversar con ellos para encontrar fórmulas que te ayuden a mejorar tu negocio, para aumentar tus ventas.

—Ya, y que me aconsejas, ¿que comience con los empleados, con los proveedores o con quién?

—Dado que tu tema por ahora es la baja en las ventas, y las ventas dependen de lo que quiera comprar el cliente, entonces mejor en mi opinión sería comenzar hablando con ellos, a fin de conocer lo que les interesa en un negocio como el tuyo. Y te sugiero que seas tú quien vaya a hablar con ellos, pues ya han hablado mucho con tus vendedores, pero quizá no han sido escuchados, o sus mensajes han sido filtrados— hizo notar el abuelo.

—Pero si hago una encuesta, puedo llegar a todos de una manera rápida y objetiva, luego podría evaluar con parámetros comparativos lo que ellos manifiestan. Además que puedo hacer muchas preguntas en una sola vez— manifestó Jorge.

—Uhm si es verdad, pero ¿cuantos crees que van a contestar?, ¿contestará realmente el que toma la decisión de compra o asignará a otro?¿cuánta sinceridad habrá en las respuestas, si normalmente las encuestas dan alternativas de respuesta?, si es verdad que las encuestas ayudan a visualizar de manera global una situación, pero no permiten llegar a un detalle, no permiten llegar al corazón del cliente, no envían el mensaje de que realmente ellos te importan, sino que son un número en tus estadísticas. Las encuestas se manejan con conceptos estadísticos, pues esa es su base, por lo que finalmente tendrás como resultado tendencias, porcentajes, y tú bien sabes que esos números son interpretables de diferentes maneras dependiendo el universo de la encuesta. Así si de un total de 100 clientes registrados, solo te contestan 45, y de esos 20 dicen que les fascina tu negocio y que siempre te compran a ti; ¿cuál va a ser tu resultado?: que el 44% está contento con el trabajo que ustedes hacen o solo el 20% está contento con el trabajo que ustedes hacen, ¿cuál va a ser el universo válido?, pues desconoces la razón por la que 55 no contestaron la encuesta.

—Bueno si es cierto, pero tampoco es real que pueda entrevistar a los 100 clientes, y por tanto también al final del día voy a tener resultados parciales y muchos supuestos— reclamó Jorge.

—Sí, pero el cara a cara de una entrevista, envía mensajes subliminales al cliente más poderosos que la encuesta. Le dices al cliente que realmente te importa y quieres conocer sus necesidades y ayudarle en su negocio o actividad. Seguro que no vas a poder entrevistar a todos, por lo que podrías hacer una combinación de ambas herramientas, encuesta y entrevista. Entrevista al 80/20 de tus clientes (el 20% de clientes que te aportan el 80% de ingresos) y encuesta al 20/80 restante (el 80% que te aporta el 20% de ingresos) — concluyó Alberto.

Lo que está Alberto tratando de enseñar a su nieto, es que la frase "el cliente es lo más importante" no es un clisé, sino una realidad poderosa, pero que muchas veces se descuida, sobretodo porque las estrategias muchas veces se construyen desde la visión que tiene la empresa de lo que se supone el cliente quiere, y no desde lo que en realidad el cliente quiere y valora. P.F.Drucker definió: "El cliente es quien determina la naturaleza de la empresa. Solo el cliente, con su disposición a pagar por un artículo o servicio, convierte a los recursos económicos en riqueza, y a las cosas en artículos. Lo que la empresa cree producir no tiene particular importancia, sobre todo no la tiene para el futuro de la empresa y su éxito (…) Lo que el cliente cree comprar, lo que considera valioso es decisivo para determinar que es una empresa, que produce, y como prosperará. Y lo que el cliente compra y considera valioso nunca es un producto (…) El cliente es el cimiento de la empresa y el factor que le permite perdurar. Solo el origina empleo. Para atender los deseos y las necesidades de un consumidor, la sociedad confía a la empresa recursos productores de riqueza"[16]

Entonces lo está invitando a conocer a sus clientes en un ambiente más íntimo, más cercano, a fin de saber de primera mano, lo que le motiva, lo que desea, lo que piensa de los servicios y/o productos que requiere, y así evaluar como su empresa puede apoyar al cliente en conseguir realizar sus deseos. Así el negocio

---

[16] Drucker, Peter F. *La gerencia. Tareas, responsabilidades y prácticas.* El Ateneo, 6° ed. 1985, Buenos Aires, pág. 44. (1° ed. En inglés 1973).

se definirá de acuerdo a las necesidades del cliente y no por la propuesta que pueda provenir de la empresa.

También está el comprender, especialmente con los clientes habituales, las razones por las que compra a la empresa y lo que valora de ella. Este conocimiento nos permitirá construir barreras de salida positivas, para evitar que los clientes se vayan a la competencia y por ende nos dejen de comprar.

En un extenso análisis de empresas de distintos sectores, Milind M Lele y Jagdish N. Sheth reconocen la estrecha relación entre la orientación al cliente (con el objetivo de satisfacerlo) y el éxito de la empresa:

"(las empresas con éxito dentro de un sector)...estaban concentradas en lograr que cada elemento que pudiese contribuir a la satisfacción del consumidor – diseño de los productos, métodos de producción, mensaje de ventas, actitud del área de ventas, selección de canales, servicio de apoyo postventa, manejo de quejas y reclamaciones, incentivos y símbolos – estuviesen todos dirigidos hacia el mismo objetivo: un nivel superior de satisfacción del consumidor, concebida esta como un beneficio de la empresa"[17]

"Definir el propósito con precisión supone efectuar un análisis pormenorizado del cliente y como satisfacerlo, en términos explícitos, desarrollando su contenido a partir de una serie de preguntas básicas sobre ¿quién es el cliente?, ¿dónde está?, ¿qué compra?, ¿cómo lo usa?, ¿qué es lo que valora en ello?

La definición de la misión de la empresa debe contemplar una revisión de ella misma. Su duración seguramente no irá más allá de los diez años, sencillamente porque la sociedad y en

---

[17] Lele, MilindM y Jagdish N. Shteth, *El cliente es la clave,* Ed. Diaz de Santos, S.A. Madrid, 1989, pág. XII Prefacio.

concreto sus clientes cambian, están en otra etapa de su vida, mueren, actúan de forma distinta, tienen otras percepciones, las tecnologías aportan nuevos productos, nuevas costumbres, otras necesidades y deseos…Todo ello debe ser contemplado y, por tanto, la empresa debe cuestionarse cuáles son las necesidades y deseos de sus clientes que no se satisfacen adecuadamente."[18]

En el caso de las micro y pequeñas empresas, la labor de mantener una relación cercana con el cliente es o por lo menos debería ser más fácil, en el sentido que este tipo de empresas por lo general no cuenta con una gran cartera de clientes, y si consideramos su 80/20, es aún más reducido. Entonces el mantener una relación cara a cara con el cliente debe convertirse en una prioridad para la alta gerencia.

Sin embargo, el día a día de las operaciones muchas veces distrae a la alta gerencia de este tipo de responsabilidades y se deja para "mañana" esta relación. Se confía que los mandos medios mantienen una relación fluida con los clientes y se piensa por tanto que con esto es suficiente. Lo cual es un error, pues en muchos casos estas entrevistas con los clientes, se producen luego que se haya producido un problema con el cliente y este solicite hablar con la alta gerencia para resolver el problema. Esta ya es una ocasión perdida, pues la posición de la alta gerencia ya no es de alguien que puede proponer un nuevo servicio sino la de alguien que está obligado a resolver un problema y conceder espacios al cliente enojado.

Si la alta gerencia toma la responsabilidad de entrevistarse por lo menos con dos clientes (por lo menos de los que componen su 80/20) todas las semanas, habrá concertado 104 reuniones

---

[18] Alet, Josep. *Márketing relacional,* Ed. El Comercio S.A. Lima, 2000, pág. 47.

anuales y habrá conseguido información de primera mano de alto valor para fijar las estrategias de acción dentro del negocio. Sabrá que motiva al cliente a trabajar con la empresa, conocerá los proyectos actuales y futuros del cliente, comprenderá que uso le da el cliente al producto o servicio que le ofrece y como mejorar el impacto en la producción del cliente, comprenderá que muchas veces el tema de precio es un componente que si bien puede ser importante no es vital para el negocio y que gracias a la cercanía que produce este tipo de reuniones es posible encontrar alternativas rentables para ambas partes.

Debe tener presente que estas reuniones no comienzan y terminan en una sola fecha, pues estas generan llamadas telefónicas, correspondencia entre las partes, otras reuniones no pre-establecidas y encuentros informales. Si, significan una carga no menor considerando todo lo demás que debe atender la alta gerencia en una empresa pequeña, pero es vital. Si no hay clientes satisfechos, no hay ventas y sin ventas no hay razón de existir del negocio.

Llevando registros fidedignos de ventas, será fácil definir qué clientes componen el 80/20 que estamos hablando. No debemos solo concentrarnos en el volumen de venta, sino en la rentabilidad que aportan dichos clientes. Recordemos que lo que buscamos con ese acercamiento es aumentar el tamaño de la venta, lo que se conoce como up selling (agrandando el combo). Para ello será importante conocer que es lo que nos compra el cliente y para qué. Luego con estos datos podemos darnos cuenta que podríamos venderle un complemento, si actualmente no lo hacemos.

Por ejemplo podría darse el caso que vendemos cemento al cliente, pero no la arena. Entonces cabe preguntarse porque no lo hace. Esa será el tipo de pregunta que haremos al cliente cuando le visitemos. Conociendo su respuesta podremos generar una oferta de venta cruzada que nos permita vender ambos productos.

Escuche la historia de un instalador eléctrico que había trabajado en muchos proyectos para una constructora, sin embargo en un nuevo edificio de departamentos y tiendas no le habían dado el contrato. Entonces este instalador fue a hablar con el ingeniero a cargo y le dijo: 'que te impide poder darme este contrato'. Se enteró que si bien el ingeniero quería darle el contrato, no podía pues el dueño de la constructora le había pedido que se lo asignara a un sobrino suyo, que estaba comenzando en su negocio. Con esta nueva información, el instalador le propuso al ingeniero que diera la parte de las tiendas comerciales al sobrino, y que a él le diera los departamentos. Al ingeniero le agradó la idea, pues así satisfacía a su jefe y se aseguraba que tendría una buena instalación en los departamentos. El contrato de los departamentos significaba el 70% del contrato total.

Jan Carlzon, líder de la aerolínea SAS, quien se encargó del reposicionamiento estratégico de la aerolínea definió la misión de la empresa de la siguiente manera: "Cuando estás orientado hacia tus clientes, estás probablemente en el negocio de proveerles con un servicio además del mismo hardware (…) Después de descubrir que clientes quieres realmente, puedes pasar a establecer tus metas y una estrategia para conseguirlos. Esas metas no necesitan ser complicadas. Pero sean cuales sean, deberían estar orientadas hacia el cliente, y deberías utilizarlas como punto de referencia contra el cual medir tu estrategia y resultados"[19].

Ahora bien es cierto que esta relación con el cliente va a depender también del tipo de producto o servicio que la empresa

---

[19] Alet, Josep. *Márketing relacional,* Ed. El Comercio S.A. Lima, 2000, pág. 48

provee. Es muy diferente una empresa constructora que tendrá un cliente con compras esporádicas a un restaurant que tendrá un cliente de compras frecuentes. El acercamiento a cada uno será de manera diferente, pero en ambos casos extremos será necesario tener una cercanía con los clientes.

Si la alta gerencia considera este tema como importante y lo incorpora dentro de sus actividades cotidianas (no importando la escala que este acercamiento signifique), transmitirá un mensaje poderoso a todo el personal, en especial los vendedores verán en ello un ejemplo a seguir y crearán seguramente estrategias particulares de acercamiento a los clientes que componen su cartera. Recordemos que el 80/20 de la empresa no es el mismo 80/20 de los vendedores; así si cada uno se preocupa de su 80/20 se estará alcanzando a un gran universo de clientes.

En el libro *"En busca de la Excelencia"*, sus autores Thomas J. Peter y Robert H. Waterman, Jr, hacen mención especial de Joe Girard, quien fuera reconocido por el Record Guiness como el mejor vendedor del mundo; expresando: "Aunque no se trata de una compañía, nuestro ejemplo favorito de lo que debe ser el acercamiento al cliente es el de Joe Girard,… Al explicar el secreto de su éxito, Joe dijo: 'Yo mando más de trece mil tarjetas al mes…hay una cosa que yo hago y que muchos vendedores no hacen: pensar que la venta empieza realmente después de la venta y no antes…el cliente no ha salido todavía y ya mi hijo le ha escrito una nota de agradecimiento'. Generalmente, Joe intercede personalmente, un año después, con el gerente de servicio después de la venta en favor de su cliente. En el intervalo, mantiene el contacto.

No hay posibilidad de que los clientes de Joe lo olviden después de haberle comprado un coche. ¡Él no los deja! Todos los meses les envía una carta. Esta les llega en un sobre sencillo, siempre de tamaño o color diferentes, 'que no se parece en nada a esa clase de correo que se tira aún sin abrir', confiesa Joe. La abren y en la primera página leen: USTED ME GUSTA. En el interior dice: 'Feliz Año Nuevo le desea Joe Girard'

Fuera del contexto, las 13.000 tarjetas de Joe parecen otro truco comercial. Pero, a semejanza de las mejores compañías, Joe se preocupa sinceramente por sus clientes...el sentido de atención de Joe sigue vigente después de la venta: 'cuando un cliente regresa para que se le preste un servicio después de la venta, yo lucho porque reciba el mejor...hay que ser como un médico. Si su auto tienen una falla, uno sufre por él.' Joe se ocupa de cada cliente, tratándolo como individuo. No habla de estadísticas, pero recalca que ha vendido 'uno a la vez, frente a frente'. Dice: 'ellos no me molestan ni me importunan. Son los que me dan para vivir'. ...él actúa como si el cliente realmente contara"[20]

Joe, aconsejaba algunos principios que son aplicables a todo tipo de relación:

- Deje que el cliente **sepa que usted quiere ser su amigo** y no le dé la oportunidad de rechazar su oferta de amistad. Nunca haga preguntas que puedan contestarse con un sí o un no.

- Deje que los clientes **prueben el producto** hasta su satisfacción. Le ofrecía al probable comprador que tome cualquier auto y le sugiere: "Tal vez debería manejarlo hasta su casa y mostrárselo a su esposa". De acuerdo con Girard, "una vez que la esposa vea a su marido en un auto

[20] Peters, Thomas J. y Waterman, Robert H. Jr *En busca de la EXCELENCIA,* Editorial Norma, impreso en Colombia, 1984, pág. 155-156

nuevo, se sentirá emocionada. Y él desea sentirse importante. Así le será muy difícil devolverlo a la distribuidora".

- Use los halagos, pero asegúrese de que sean sinceros. "¿Cómo alguien puede alejarse de alguien que se interesa por él?"

- Nunca interrumpa o trate **con altanería** a un posible comprador.

- Haga que sus subordinados **trabajen para usted**. La venta importante comienza después de la venta, cuando se asegura que el cliente está satisfecho.

- Dé seguimiento después de la venta.

- Pida un precio razonable, sin considerar el nivel de conocimiento del cliente al respecto. Tarde o temprano este se dará cuenta si el precio fue justo, así que si quiere volver a hacer negocio y tener una buena reputación, trate a todos los clientes con honestidad.

- Nunca presione a sus clientes. "No uso técnicas de presión porque no funcionan", comentaba Girard.

El consejo es el mismo, genere una relación estrecha con su cliente, hágalo sentir que para la compañía el cliente no es un número, sino que es alguien importante, un socio que aporta al desarrollo de la empresa. Existe la errónea idea que se puede tener clientes "cautivos", esto solo ocurre cuando no tenemos una visión de largo plazo. Muchas veces el cliente "cautivo" no es producto de que el cliente se siente cómodo con la relación, sino que existen circunstancias que le impiden cambiarse de compañía. Son solo la consecuencia del ejercicio de posición dominante que tiene la compañía en el mercado. Sin embargo, apenas aparezca un competidor serio, el cliente migrará.

Además existe un tema con el cliente "cautivo" que a veces se pasa por alto. Este es un cliente descontento, que en reiteradas ocasiones manifiesta su enojo hacia la compañía, ese enojo genera de una manera directa o indirecta malestar entre los empleados, por lo que también afecta el ambiente laboral. Un cliente enojado o insatisfecho es como una bacteria que es difícil de eliminar. Causa daño en muchos aspectos a la empresa.

Si la Alta Gerencia, ha determinado que se enfocará en las necesidades del cliente y en buscar su satisfacción, debe tener en cuenta que solos no lo pueden lograr, deben subir a todos a ese barco, desde el empleado con menor responsabilidad hasta los de mayor responsabilidad; todos deben enfocarse en lograr la satisfacción del cliente, deben esforzarse por que la relación que tenga el cliente con la compañía sea una gratificante experiencia. Todos deben tener en cuenta que el cliente no debe considerarse solo a aquel que realiza la compra, también lo es el potencial que inicia un primer contacto con la compañía. A todos los clientes debe tratarse con interés, amabilidad, respecto, atención y el sincero deseo de satisfacer sus necesidades respecto al producto o servicio que requiere.

Resulta tragicómico que por un lado los encargados de ventas desarrollen estrategias de venta y acercamiento al cliente y que cuando este llegue o llame a la empresa nadie lo atienda, o quien lo atienda no conozca nada del negocio ni lo oriente.

Me he topado con recepcionistas, que no conocen lo que la empresa hace, desconocen procesos y menos quien está a cargo.

No sé si es falta de interés o de capacitación., pero si es evidente que esa persona no está "en el barco de la empresa".

Más patético es cuando uno se dirige al vendedor de mesón preguntando por un producto y conteste que no se vende ese producto, y segundos después gracias a una breve observación uno encuentre el producto en un anaquel. Nuevamente, ese vendedor de mesón, ¿Qué función está cumpliendo? O ¿su sueldo es pagado por la competencia?

Si producto de un error, el cliente presenta un reclamo, este debe sentir que será escuchado y que se hará todo lo que esté al alcance para reparar el error. El problema muchas veces no es si se cometió un error o si el producto no funciona como se ofreció, el problema radica en la reacción post venta. Una rápida respuesta, una atención dedicada, aun a costa de perder los ingresos esperados con la venta generaran una fidelidad mayor de parte del cliente hacia la compañía, que todas las campañas de fidelización que se puedan establecer.

Para tener una adecuada respuesta, debe la Compañía contar con todo el personal alineado en esa visión. Y también todos deben conocer el procedimiento a seguir, es decir se debe capacitar con frecuencia referente a cómo actuar frente a un reclamo. Debe existir un procedimiento conocido por todos y deben conocer a quien derivar al cliente para que tome la resolución de solucionar el problema. Pero la estructura de toma de decisiones de este tipo debe ser lo más plana posible, a fin de que el cliente pueda recibir una respuesta rápida y no tenga que conversar con muchas personas contando la misma historia. De hecho, el cliente solo debería tomar contacto con el vendedor y este hacer todo el trabajo hacia el interior de la compañía a fin de resolver el problema al cliente.

Así como una venta no termina con la entrega del producto, sino con la cobranza de la factura; la relación con el cliente no termina nunca. Yo diría que recién empieza. Si miramos a los clientes como socios de largo plazo, generaremos un comportamiento de nosotros hacia ellos, que buscará perpetuar dicha relación en el tiempo y por ende buscaremos maneras de atender de una manera excepcional a nuestro cliente, quien con el paso del tiempo se convertirá en nuestro amigo.

Peters y Waterman citan las conclusiones de Dinah Nemeroff, del Citibank, quien lideró una encuesta sobre "contacto con el cliente por medio del servicio" en el año 1980, entre los principales ejecutivos de grandes empresas, mencionando que estas se caracterizan por:

- Un compromiso intenso y activo por parte de los cuadros directivos

- La notable atención que se presta al personal

- Una gran intensidad de evaluación y de retroalimentación[21]

Si bien el estudio ya cuenta con más de 38 años, no deja de estar vigente, más aun ahora en tiempos en que las relaciones humanas se han deteriorado, que debido a la búsqueda de una mayor eficiencia y uso del tiempo, hemos reducido nuestras reuniones cara a cara a lo estrictamente necesario, y que muchas veces las empresas buscan nuevas maneras de llegar a clientes sin tener contacto directo con ellos. El sentido de inmediatez, ha tallado en nuestra mente la frase "a distancia de un click" como

---

[21] Peters, Thomas J. y Waterman, Robert H. Jr *En busca de la EXCELENCIA,* Editorial Norma, impreso en Colombia, 1984, pág. 163

que si todo lo que hacemos deba funcionar de esa manera. En esta era de las grandes redes sociales, las empresas tienen listas inmensas de nombres y contactos (al igual que muchas personas) pero no tienen clientes – amigos reales.

Especialmente las Micro y Pequeñas empresas deben concentrarse en recuperar ese espacio perdido o que ha sido abandonado por las grandes empresas, y volver al contacto personal, a lo exclusivo y eso hará la diferencia. Eso llevará a tener clientes – amigos que generaran negocios no una sola vez sino muchas. A pesar de toda la modernidad, los seres humanos anhelamos ser tratados como lo que somos, seres humanos y no números de humanos. Somos en esencia seres gregarios, que buscan asociarse e interactuar de manera real con sus congéneres.

El establecimiento de esta relación cliente – amigo, llevará a la empresa a entender y comprender exactamente qué es lo que el cliente necesita, que es lo que realmente valora y por lo que está dispuesto a pagar. Esto llevará a autoevaluar las características de la empresa y poder definir sus habilidades y destrezas pero también identificar sus falencias y debilidades. Le permitirá realizar un análisis FODA (Fortalezas, oportunidades, debilidades, amenazas) más profundo y provechoso. Podrá establecer un cuadro esquemático que facilite reorientar el negocio en función del cliente y sus necesidades.

¿qué desea y valora el cliente?
PRODUCTOS - SERVICIOS

¿cómo empresa que le podemos ofertar?
HABILIDADES, FORTALEZAS, EXPERIENCIA

¡UN BUEN NEGOCIO PARA MI!

¿hay barreras de entrada?
COMPETENCIA, NUEVOS PRODUCTOS, CAPITAL, PROVEEDORES

¿Qué aumentará mis ingresos?
INGRESOS / GANANCIAS ADECUADAS

—Entiendo la importancia de los clientes y pienso que tienes razón, si uno logra forjar una relación con el cliente, más allá de la relación comercial, sin que eso signifique un grado o estado de corrupción; generará la confianza para encontrar negocios en los que ambos ganen; gracias abuelo— respondió Jorge.

—Bien, y ahora veamos nuestro siguiente actor, el proveedor. ¿Cómo es tu relación con tu o tus proveedores?, ¿son también amigos o solo cliente- vendedor?; porque en este caso, solo cambia la posición pero la relación debe ser similar a la que tú tienes con tus clientes—aportó Alberto.

—Bueno, es más fácil con ellos, pues nos conocemos, y a ellos les interesa que yo les compre, así que siempre me atienden cuando les llamo. Claro que pensándolo bien, como tú dijiste al inicio, ellos también son accionistas de mi empresa en cierto sentido. Esto no lo había tomado en cuenta antes, pero ahora que lo pienso, es verdad. Por lo tanto hay cosas que podemos hacer juntos para mejorar el negocio.

—Así es, ellos son tus proveedores, y en cierto sentido son socios para ti. Ellos son una fuente importantísima de recursos que puede permitirte crecer más rápido y de mejor manera. Para tus proveedores tú tienes diferentes posiciones. Me explico: si tú les compras el material X a uno y el mismo material X a otro, no eres un cliente que compra con regularidad, y que seguramente aprovecha las ofertas o condiciones comerciales favorables de uno u otro escogiendo la que más le conviene en un momento determinado. Por otro lado, si eres uno de los distribuidores de un proveedor en específico eres para ellos un cliente que tiene ciertos compromisos (contractuales o no) al cual hay que atender con mayor cuidado y sobre todo si tu peso específico entre los otros distribuidores es grande con mayor razón. Finalmente si eres un distribuidor exclusivo, para el proveedor eres de vital importancia en esa región o sector del mercado y hará muchos esfuerzos por que te vaya bien. Sin embargo no te confíes en estos dos últimos casos, pues si después de hacer un esfuerzo el proveedor, nota que tus ventas no son satisfactorias, buscará otro distribuidor. Así que en estos dos últimos casos, no solo eres un cliente, sino también una especie de 'empleado' de él. Eso también ocurre en el caso que tú seas un comprador frecuente de sus productos o servicios sin ser un distribuidor—

—Lo cual –continuo Alberto – te coloca en una posición mejor, pues así como tu cuidas a tus empleados, el proveedor, también se preocupará de cuidarte, pues para él es mejor tener un distribuidor que conozca el producto y con el cual se pueda hacer una relación de largo plazo. Y no solo eso, sino tener un socio estratégico para la venta de sus productos en una determinada región o sector.

—Entonces, me estás diciendo que si tengo un proveedor del cual soy un distribuidor, tengo una posición dominante para negociar y podría pedir más cosas ¿que solo el precio?

—Uhm… si y no, es verdad que tienes una posición más fuerte en cierto sentido, pero eso no te da derechos sobre tu proveedor, y si él siente que solo estás tratando de aprovechar la posición, simplemente buscará a otro. Él también quiere vender sus productos con la mayor rentabilidad posible, recuerda eso— sentenció el abuelo.

Y continuó—lo mejor que puedes hacer, es establecer una relación fuerte de amistad, de sociabilidad y de confianza. Que ambos sientan que son un mismo equipo en la batalla de conseguir colocar sus productos en el mercado. Ambos deben sentir que están ganando con la relación y que esta forjada para durar muchos años. Así podréis conversar abiertamente, sobre precios, calidad del producto, financiamiento de determinado negocio o campaña publicitaria, crédito, capacitaciones, soporte técnico, entre otras. Tu proveedor querrá conocer a tus clientes pues de esa forma él también se retroalimenta desde el mercado adquiriendo conocimiento que le sirve para mejorar su oferta.

La relación con el proveedor en nuestros negocios es de vital importancia. No son solo un lugar donde comprar nuestros productos, sino que se pueden volver y de hecho así debería ser, un socio para nuestra actividad cotidiana. Una buena relación con el proveedor, permitirá mejorar la oferta que les presentamos en conjunto a nuestros clientes.

— ¿Te hago una pregunta? – inquirió Alberto

—Sí, claro

—Y la relación con tu banco, ¿cómo va?

— ¿Con el Banco?, preguntó Jorge –Tú sabes que ellos siempre te prestan paraguas cuando hay sol y te lo quitan cuando ¡llueve!

—Si, a veces así lo vemos, sin embargo el Banco también es un proveedor importante y debemos cuidar la relación con ellos.

—Abuelo, hablas de ¿proveedor importante?, pero si ellos no nos venden nada.

—Ahí te equivocas, ellos te venden dinero, te venden servicios financieros, y te facilitan las transferencias de dinero entre tu empresa y la de tus clientes. Los Bancos – continuó Alberto – tiene orientado su negocio al ambiente financiero, y su principal producto es el dinero. Ellos compran dinero de las personas que deciden depositar su dinero con ellos, por lo que pagan intereses (este es el costo del producto que ellos compran); y luego lo venden a las personas que piden préstamos, que en realidad debería llamarse venta de dinero. El negocio financiero, no es un negocio de préstamos, es un negocio de compra y venta de dinero— apuntó Alberto.

—Bueno hijo, se ha hecho tarde y estoy cansado, ¿qué tal si seguimos esta interesante conversación mañana por la mañana durante el desayuno?

—Ok, abuelo, pero continuamos, pues aún no tengo solucionado mi problema, ni tengo claro por donde debería empezar para encontrar acciones a seguir.

SABADO POR LA MAÑANA

—Qué hermosa mañana, me encantan los días sábados, realmente son un día de descanso, por lo menos ahora que ya estoy viejo y no tengo tantas responsabilidades — comentó Alberto.

—Me alegra que hayas descansado bien abuelo, yo por mi lado no dormí mucho pensando en lo que conversamos y lo que aún me queda por hacer en la empresa, pero bueno, esto es parte de tener un negocio propio, ¿verdad?

—Bueno, no todo puede ser fácil en la vida, sin dificultades no progresamos, y si no progresamos solo vegetamos. A ver ayer me dijiste que las ventas no están muy buenas y por ende tu última línea no es como desearías que fuera. Cuéntame, ¿ya identificaste tu 80/20? — preguntó Alberto

Cuando Alberto se refiere al 80/20, está haciendo referencia a la famosa Regla de Pareto, que indica que por lo general una población se reparte entre dos grupos, se reparte el 80% de algo y el grupo mayoritario, formado por un 80% de población, se reparte el 20% de la misma riqueza o bien. Así este principio se ha aplicado a otros ámbitos, uno de ellos el comercio. Así por ejemplo cuando un almacén tiene un inventario grande, para concentrar los esfuerzos de control en los artículos o mercancías más significativos, se suele utilizar el principio de Pareto. Así, controlando el 20% de los productos almacenados puede controlarse aproximadamente el 80% del valor de los artículos del almacén. La clasificación ABC de los productos también se utiliza para agrupar los artículos dentro del almacén en un número limitado de categorías, cuando se controlan según su nivel de disponibilidad. Los productos A, 20% de los artículos, que generan el 80% de los movimientos del almacén, se colocarán cerca de los lugares donde se preparan los pedidos, para que se pierda el menor tiempo posible en mover mercancías dentro de un almacén.[22]

Conviene hacer una revisión de cuál es la composición del 20% de productos que se venden y que producen el 80% de los ingresos. Esta relación debería compararse con el inventario, de tal forma de asegurar que el 80% de los productos en almacén correspondan al 20% que produce el 80% de las ventas. Esto es un ideal, reflejaría un inventario saludable que va a contar con un buen nivel de rotación. Recordemos que el inventario es capital inmovilizado, un capital que si no tiene una alta rotación se vuelve muy lento en hacerlo líquido, y que si no se acerca al ideal que estamos hablando, será un inventario que consumirá recursos de caja, o exigirá niveles cada vez mayores de endeudamiento.

Como dice Luis Gutierrez: "Para la contabilidad tradicional, los inventarios son un activo. Dentro de las nuevas filosofías gerenciales, dominadas por los conceptos de la calidad total, los inventarios tienden a ser un costo. En efecto, tener inventarios tiene, además el costo de oportunidad por los fondos que congela, un costo de obsolescencia, uno de control, otro de mantenimiento y de registros, y el riesgo de que los inventarios se deterioren o sean sustraídos. En esta concepción, lo ideal es que el

---

[22] Wikipedia: Principio de Pareto

proveedor supla diariamente las necesidades de la línea, a un ritmo determinado por la demanda final…"[23]

Cuando identificamos el 20% de productos o servicios (en este caso no tendría mayor relación con el inventario) que se venden y generan el 80% de los ingresos, nos permite concentrar los esfuerzos en analizar cómo podemos aumentar la venta de esos productos, o reconocer espacios de reducción de los mismo, todo lo cual repercute directamente en los resultados del negocio. También debemos considerar que el conocer que productos nos generan mayores ingresos, nos ayuda a identificar potenciales clientes que los requieran y así hacer nuevos negocios más enfocados.

Parte de este cruce de información debe ser el identificar el 20% de clientes que generan el 80% de los ingresos. Así podemos ver claramente que podemos enfocarnos en menores puntos de control, pero que un cambio en ellos puede producir efectos significativos en nuestros resultados, para bien o para mal.

Luego de cruzar la información seguramente descubriremos que un 20% de los productos del inventario, corresponde a un 20% de las ventas y estas son adquiridas por un 20% de los clientes. Y todo esto está produciendo alrededor del 80% de los ingresos. Entonces si queremos hacer algunos ajustes a nuestros resultados, deberíamos enfocarnos primeramente en este segmento.

¿Cómo puedo reducir el costo de ese 20% de mi inventario?, ahí es donde se comienza ya con datos objetivos a negociar con mi proveedor. Cuanto más importante sea uno para

---

[23] Luis Fernando Gutierrez Marulanda, *Finanzas Prácticas para Países en Desarrollo*, Editorial Norma, impreso en Colombia, Junio 1992, pág. 50

su proveedor, más ascendencia tiene sobre él y será más fácil analizar los costos y ver mejoras que se pueden realizar. Estas mejoras no pasan simplemente por solicitar una reducción del precio de venta. Cuando se analizan los costos en conjunto con el proveedor, podemos descubrir muchas variables en la que ninguno de los dos gana ni se beneficia, pero que si impactan en los costos. Como ejemplo podríamos mencionar el embalaje, el flete desde las bodegas del proveedor a las nuestras (podría darse el caso que podríamos coordinar para que le flete sea directo a nuestro cliente), el volumen de compra de nuestra parte, la programación de los pedidos, etc. Aún una coordinación entre nuestro proveedor, nosotros y nuestro cliente, puede significar una interesante reducción de costos que beneficie a las tres partes y que por otro lado fortalezca la cadena de suministro.

Paul G. Keat y Philip K.Y.Young destacan la importancia de la administración de la cadena de suministro (ACS): "La administración de la cadena de suministro (ACS) se ha vuelto una forma muy importante de reducir costos para las compañías...Ciertos elementos de la ACS pertenecen directa o indirectamente a la economía de la empresa... La ACS de define como 'los esfuerzos de una empresa para mejorar eficiencias a través de cada eslabón de la cadena de abastecimiento de una empresa, desde el proveedor hasta el cliente'. Esto se hace principalmente mediante el fomento de una mejor comunicación y cooperación dentro de cada eslabón existente entre todas las partes involucradas. La meta de la ACS es incrementar las utilidades fundamentalmente mediante la reducción de costos. Pero la ACS contribuye también a incrementar las utilidades indirectamente debido a que una operación más eficiente de la cadena de suministro incrementa la satisfacción del cliente. Esto permite a las empresas cobrar un precio más alto o al menos ayudarlas a retener a sus clientes... En el sentido más general del término, la administración de la cadena de suministro incluye todas las actividades internas y externas de la empresa requeridas para completar la demanda de los consumidores."[24]

El buen manejo de la cadena de suministro, redunda positivamente en los resultados finales de la empresa. Si nos detenemos a hacer un análisis de su impacto podremos visualizar que afecta en más de un área:

- *Inventario:* Efecto directo, es donde convertimos nuestra liquidez financiera en bienes materiales. Que dependiendo de su calidad y composición, nos permitirán poder volver a convertirlos en liquidez financiera con un margen añadido, y en un determinado tiempo. Es la combinación de monto de margen y tiempo de rotación lo que producirá la riqueza que se busca obtener. Un bajo margen pero con un corto tiempo de rotación puede producir tanta riqueza como un alto margen y un largo tiempo de rotación. Pero cuando la calidad y composición del inventario es mala, conduce a que en el mejor de los casos tengamos un alto tiempo de rotación y un bajo margen de contribución. Los peores casos, son no tener la venta (nula rotación) o venta a pérdida (nulo margen de contribución). Esta demás decir que el mejor de los escenarios es alta rotación y alto margen de contribución.

- *Producción:* Entendiendo como producción todo lo que genere ingreso para la empresa, es decir nuevos productos luego de un proceso de transformación de la materia prima, y que se venderán al mercado. El no contar con una cadena

---

[24] Paul G. Keat y Philip K.Y.Young, *"Economía de Empresa"*, Editorial Pearson 4ta Edición, Impreso en México, 2004, pág. 361

de suministro adecuada, afecta en que los productos que tenemos en el inventario no los podamos utilizar adecuadamente y en el momento que Producción lo requiere.

- *Ventas:* Si ventas no tiene productos que vender, por más que realicen el mejor esfuerzo en contactar a los clientes y ofrezcan lo mejor de ellos; finalmente la competencia terminará atendiendo a nuestros clientes.
- *Personal:* Bajas ventas, significan bajos ingresos y estos se traducen en bajos salarios o malas condiciones laborales, cunde el desánimo y la apatía. Se empieza a perder la esperanza.
- *Tesorería y finanzas:* Quizá en un primer momento este departamento sienta alivio al no tener la presión de responder adecuadamente a los proveedores (se está comprando menos), pero luego verá que los ingresos disminuyen y los costos fijos continúan, lo que se traduce en problemas financieros serios.
- *Accionistas:* Verán como su inversión se empieza a diluir con el tiempo y su esperanza de recibir una recompensa por ello se diluye rápidamente.

El adecuado manejo de la cadena de suministros, no solo implica contar con los productos y/o servicios adecuados en el momento adecuado sino también a precios competitivos. A veces se piensa que la solución pasa por comprar al menor precio, pero eso no necesariamente es la solución. El tema es más complejo de lo que parece. Aquí el viejo adagio "lo barato sale caro" toma mucha relevancia.

Dentro de las consideraciones que se debe tener presente al momento de hacer los cuadros comparativos de compra y su evaluación están:

- ¿Estamos comparando exactamente el mismo producto? – misma materialidad, funciones, procedencia, cantidad, etc.
- Los antecedentes del proveedor – ya hemos tenido negocios anteriores, su nivel de cumplimiento ha sido satisfactorio, los plazos de entrega, condiciones de pago.
- Si el producto requiere otros servicios o complementos – todos los proveedores están ofreciendo los mismos servicios o complementos, ¿quién ofrece más y a que costo adicional?
- ¿Existen condiciones espaciales en la compra, en el despacho, en los tiempos de entrega?
- ¿Un plazo de entrega mayor afecta realmente nuestro proceso?
- Estamos realmente comparando entre por lo menos tres proveedores o solo uno, ¿porque no encontramos otros? – Sin embargo, esto no se trata de contar con infinitos proveedores, se trata de contar con los mejores. Muchos proveedores pueden generar confusión a la hora de tomar decisiones y no ayudan a generar lazos de confianza. Por ello se debe establecer políticas de desarrollo de proveedores.
- ¿Si variamos la cantidad de compra, podemos generar beneficios adicionales?
- No dejarse engañar por el % de descuento, ese no es ningún indicativo. Se debe hacer el cálculo para hacer una correcta comparación.

- ¿Es posible con alguno de los proveedores reducir desperdicios o ineficiencias? Este es un punto interesante, pues muchas veces terminamos pagando por desperdicios o ineficiencias que solo abultan la factura pero no generan beneficio alguno. En esta parte cabe recordar la experiencia de Henry Ford. Ford habló con sus proveedores para que le enviaran sus pedidos en cajas de madera de determinados tamaño y calidad, para poder usarlas una vez desocupadas, en la fabricación de los pisos de los autos que producía. Este sencillo detalle habla muy bien del sentido práctico, racional y hasta ecológico del genial Henry Ford, que no dejaba pasar detalle por insignificante, en aras de la eficiencia.

¿Qué es lo que se conoce como Abastecimiento Equilibrado? "El modelo *Abastecimiento equilibrado* va más allá de la fe en la confianza – tan popular hoy – sin resultar en el enfoque opuesto. Infortunadamente, el abastecimiento equilibrado es difícil de lograr, mucho más que cualquiera de los enfoques unidimensionales que se ilustran en el diagrama…"[25]

---

[25] Laseter, Timothy M, *"Alianzas estratégicas con proveedores – Un modelo de abastecimiento equilibrado"*, Ed. Norma 2000, Bogotá, pág. 4

	Relaciones basadas en la confianza	Abastecimiento equilibrado
Alto	• Incentivo poco claro para impulsar el mejoramiento • Supone coincidencia en las metas del proveedor • Proveedor podría captar todo el valor creado	• Influye totalmente en las habilidades del proveedor • Trae mejoras para el cliente y el proveedor • Requiere una habilidad significativa del cliente
	Compras no influenciadas	**Rivalidad darwiniana**
Bajo	• Mentalidad tradicional de compras de oficina • Se aceptan los precios • Deja el dinero sobre la mesa	• Requiere mucha influencia para comprar • Elimina el letargo del proveedor, pero puede generar resentimiento • No motiva el mejoramiento sinergético.

Compromiso para establecer relaciones cooperativas

Bajo   **Alto**

Compromiso para establecer precios competitivos

"El abastecimiento equilibrado (cuadrante superior derecho) requiere de una perspectiva organizacional amplia sobre compras, y es mucho más difícil de lograr que cualquier otro modelo. El equilibrio entre competencia y cooperación es algo que les agrada a la mayoría de los ejecutivos, pero parece inherentemente difícil. La sabiduría convencional recomienda construir relaciones de confianza con los proveedores, aun cuando la mayoría de los ejecutivos están de acuerdo con la advertencia de Agatha Christie: "No confíes en nadie cuando haya grandes sumas de dinero de por medio".

El abastecimiento equilibrado responde a los intereses ejecutivos mediante la aplicación de unos principios:

- Tomar decisiones con base en hechos
- Pensar estratégicamente, a largo plazo
- Soluciones viables, no fórmulas mágicas
- Crear valor y participación colaborativa
- Ejecutar pragmáticamente[26]

---

[26] Laseter, Timothy M, "*Alianzas estratégicas con proveedores – Un modelo de abastecimiento equilibrado*", Ed. Norma 2000, Bogotá, pág. 20

Es verdad que para una PYME o MICROPYME donde el total del personal no supera las 10 personas, es cosa difícil alcanzar ideales de contar con un abastecimiento equilibrado, y muchas veces su relación con el proveedor es desequilibrada, dada la asimetría de los tamaños. Sin embargo, se debe hacer el mayor esfuerzo por conseguir un equilibrio sano a pesar de las circunstancias. Ya hemos visto el impacto que tiene en la empresa el hecho que se descuide la cadena de suministro; por lo que dentro de las prioridades gerenciales debe estar el establecer una adecuada cadena de suministro que facilite las labores al interior de la empresa.

Lo que ayuda a poder contar con la adecuada cadena de suministro es establecer un política clara y procedimientos que permitan conocer de antemano las necesidades y como estas van a ser suplidas. Definir la persona que estará a cargo de realizar las negociaciones con los proveedores y quien será el que autorizará finalmente la compra. En lo posible se debe contar con dos personas para este trabajo, uno que negocie y otro que apruebe, pues siempre dos piensan mejor que uno y pueden encontrar en conjunto mejores soluciones. También se evita el que alguno caiga en la tentación de cometer un acto ilícito.

Algo curioso que últimamente he notado en algunas empresas, es que los encargados de las adquisiciones tienen protocolos de relación con proveedores, que resultan bastante desconcertantes con referencia a lo que se podría esperar de dichas personas en dichos puestos. Justificando su alto volumen de trabajo, muchos solicitan que los proveedores se comuniquen con ellos solamente por medio de correo electrónico. En una primera aproximación esto suena bastante moderno y practico, pero en realidad se traduce en una comunicación entre un hablante y un sordo. El proveedor envía el mail, pero nunca recibe respuesta. Luego si producto de su insistencia logra hablar con el comprador, este confiesa que nunca ha visto el correo.

Yo pregunto, si el comprador, no se expone a escuchar a los nuevos proveedores, como podrá tener conocimiento de nuevos desarrollos del mercado, de productos que podrían generar eficiencias en los procesos de la empresa, reducciones de costo, etc. ¿Cómo se va a enterar que ha aparecido un nuevo competidor que ofrece mejores condiciones o productos?

Pareciera ser que el gran desarrollo de programas computacionales y de la tecnología de la información, nos están conduciendo a un aislamiento continuo, en el que las personas no quieren tomar contacto unas con otras. Está causando miedo hablar con extraños, sentarse en una misma sala y hablar con ellos. Es más cómodo recibir un escrito, un video o un audio, antes que interactuar con el otro. Por supuesto que hay ocasiones que esa interacción puede significar una pérdida de tiempo; tiempo que podríamos utilizar en otra actividad laboral. ¿Pero no será también que hemos empezado a pensar que ya los otros no nos pueden aportar más de lo que ya sabemos, o que ese nuevo conocimiento nos puede remover de nuestra posición de confort?

Esto que menciono arriba es tan desquiciado como que un vendedor no quiera tener contacto con los clientes. Asistí a un concurso de marketing, en el cual los participantes debían generar ideas para mejorar la capacidad de los vendedores de automóviles en su desafío de aumentar las ventas. Me sorprendió que tres grupos participantes plantearan la idea crear una aplicación que permita al cliente conocer el vehículo que quiera comprar antes de llegar al concesionario, a fin de que el vendedor no perdiera tiempo atendiendo consultas de clientes que no sabían lo que querían. Es decir que el vendedor pudiera tomar el pedido apenas llegara el cliente ya decidido. Pensé rápidamente, y que pasó con la emotividad, con la idea de generar una nueva experiencia al cliente, que pasó con el conocimiento que tenemos de que algunas ventas (como el caso del automóvil) son totalmente emocionales. Y no hay emoción cuando solo ves una pantalla con datos técnicos.

Jürgen Klaric dice que "El cliente no sabe por qué está comprando un producto o servicio, esa es la pura verdad. El primer descubrimiento científico en el sector de las neuroventas es que el 85% de la decisión de todo lo que compras en tu vida es inconsciente o subconsciente y solo el 15% restante es consciente.

Mientras el que realice la compra no sea un robot sino un ser humano que tiene un cerebro y siente emociones, el proceso funciona en los porcentajes antes mencionados…Entonces ten cuidado si crees que el discurso racional es el ganador. Lo que vende es la emocionalidad que vas a provocar al soltar un discurso, sea racional o sea emocional."[27]

Entonces debemos recordar que si bien la tecnología nos ayuda a procesar muchísima información eso no significa que podamos mecanizar siempre los procesos de compra cuando en ello intervienen seres humanos, seres que vibran con las emociones, que siente y aprecian el hablar con otro.

Las aplicaciones deben considerarse como complementos, pero nunca como parte esencial de una relación interhumana. Volviendo entonces a la función del comprador, este tampoco debe

[27] Jurgen Klaric, *"Véndele a la mente, no a la gente"* – Editorial Planeta Chilena S.A., Santiago de Chile, pág. 76

olvidar que su relación con el proveedor debe ir más allá de la simple compra-venta, pues con ese concepto es imposible avanzar hacia una etapa de Abastecimiento Equilibrado, y en esto no tiene ninguna importancia el tamaño de la empresa, sino el tamaño humano de esta.

Otro enfoque será, como aumentar el volumen de ventas de este 20%, dado que si conseguimos más clientes interesados en estos productos o conseguimos que nuestros actuales clientes compran un volumen mayor, entonces también mejoraremos los resultados finales. Dependiendo que es lo que compone este 20%, podemos ofrecer descuentos, paquetes de productos combinados (con parte del 80% que solo genera el 20% de ventas), profundizar en las aplicaciones del producto, capacitar en el uso y beneficios, etc.

Finalmente volvemos a la importancia de la relación con el cliente, y en especial con este grupo de clientes que representan el 80% de nuestros ingresos y que solo son el 20% de nuestra cartera de clientes. De ellos deberíamos conocer a profundidad sus procesos, para que utilizan nuestros productos y donde los utilizan, las razones por las cuales nos compran, que mejoras esperarían de nuestros productos o servicios y de nosotros mismos.

—Sí, conozco como está conformado el 20% de clientes que me produce el 80% de los ingresos y sé cuál es el 20% de productos que me aportan ese 80% de los ingresos— contestó Jorge.

—Bien, pero pon atención a que ese 80% de ingresos que te refieres sea realmente un 80% de ingresos netos y no un 80% de ingresos a la línea de volumen de venta. Son dos cosas muy diferentes. Recuerda que yo puedo estar vendiendo un gran volumen a un bajo margen de comercialización, y eso finalmente puede repercutir en una baja participación del volumen de las ganancias o ingresos por margen. Así que procura siempre conocer cómo se conforma el 80% de los ingresos por margen de contribución, pues ese es el que impacta en tu gestión—sentenció Alberto.

— ¿Y cómo está tu análisis de los estados financieros de la empresa, que es lo que te están indicando? ¿Tienes una buena relación entre la rentabilidad y la liquidez en el negocio? —consulto Alberto en tono afable.

—Bueno, como te mencionaba los resultados no han sido buenos en este último tiempo, y es por eso que recurrí a tu consejo.

—La relación de rentabilidad y liquidez es un asunto no menor. Pues puedes tener una empresa muy rentable, pero poco liquida, y eso te pondrá en dificultades para crecer, cumplir con las obligaciones del negocio, etc. Por otra parte contar con buena liquidez y baja rentabilidad, te lleva a un camino sin futuro, pues el dinero ha sido puesto en la empresa para que crezca y no solo para que circule de mano en mano. Además debes considerar que el dinero es costoso y tenerlo en abundancia pero sin que produzca es un daño al negocio. El gran desafío financiero es mantener un equilibrio en cuanto a la cantidad de liquidez que tenga el negocio, y aunque parezca mentira, el más fácil manejar la escasez que la abundancia.

Cuando hablamos de liquidez, estamos hablando de la cantidad de efectivo en caja o en bancos. También debemos considerar que hay activos, como los bonos, acciones y otros documentos que pueden volverse líquidos muy rápidamente.

Luego vienen los bienes físicos que dependiendo de su naturaleza son más o menos líquidos.

La liquidez es como la sangre en el cuerpo humano, si tenemos una hemorragia, tendremos una perdida fuerte de sangre que si no es controlada, puede conducir a la muerte. Y la rentabilidad es como la salud, podemos sobrevivir periodos de mala salud si nuestra sangre circula adecuadamente y con la cantidad necesaria. Pero nunca sobreviviremos a un prolongado estado de falta de salud o a una disminución considerable de sangre.

"...un negocio puede ser rentable y no ser bueno, por no generar suficiente liquidez. Sin ella puede fracasar y, de seguro, no puede funcionar...un buen ejemplo de la diferencia (*entre liquidez y rentabilidad – comentario añadido*) es analizar el negocio del muchacho que vende maní frente al banco. Su negocio, sin temor a equivocarnos, es de alta rentabilidad, pero con el efectivo que genera seguramente ningún lector podría subsistir. Muchos son los negocios que sucumbieron en su despegue...sencillamente, no generaron el suficiente efectivo que les permitiese el éxito, y no pudieron conseguirlo por fuera, o, si lo hicieron, ello les empeoró la situación con el servicio de la deuda".[28]

Así como controlamos la salud midiendo diferentes niveles en nuestra sangre, orina, heces, y otros parámetros; las empresas también miden su salud por medio de los reportes contables como el Balance, Estado de Resultados y Flujo de Caja. Estos resultados son cifras que debemos revisar, comparar y combinar en razones financieras que nos ayuden a realizar un diagnóstico del estado

---

[28] Luis Fernando Gutierrez Marulanda, *Finanzas Prácticas para Países en Desarrollo*, Editorial Norma, impreso en Colombia, Junio 1992, pág. 105

financiero o salud financiera de la empresa a fin de medir la rentabilidad del negocio, su liquidez presente y futura proyectada.

En términos simples un Balance es una fotografía (radiografía) de la empresa tomada generalmente el último día del año, o del mes en el caso de algunas empresas. Esta fotografía nos dice cuál es el estado de la empresa en ese día. Los datos que aporta nos indican cuanto de la empresa pertenece a los accionistas (patrimonio), y cuanto a los proveedores (entiéndase por proveedores no solo los que proveen materias primas y servicios, sino también las empresas financieras, y aun el Estado) en compromisos a corto, mediano y largo plazo (pasivos en general). Y por el otro lado nos indica, como la empresa tiene la capacidad de responder a los compromisos adquiridos (activos), si responde con circulante (que corresponde a las típicas cuentas de caja, bancos, cuentas por cobrar, inventarios) o con activos fijos que son menos líquidos (inmuebles, muebles, maquinaria, etc.). Este simple análisis nos permite entonces conocer como se está financiando y utilizando ese financiamiento en la empresa. Así por el lado derecho del Balance tenemos la forma como la empresa se financia y por el lado izquierdo el donde emplea la empresa su financiamiento.

Un balance por lo general luce de esta manera:

BALANCE AL 31 DE DICIEMBRE DE 20XX

ACTIVOS		PASIVOS	
Activo circulante		Deudas a corto plazo	
Caja	XXX	Pasivo Bancario	XXX
Bancos	XXX	Deudas proveedores	XXX
Cuentas por cobrar	XXX	Pasivo laboral	XXX
Inventarios	XXX	Impuestos por pagar	XXX
		Anticipos recibidos	XXX
Activo fijo		Deudas largo plazo	
Terrenos	XXX	Pasivo bancario	XXX
Activo depreciable	XXX	Patrimonio	
Valorizaciones	XXX	Capital	XXX
		Ganancias retenidas	XXX
		Utilidades	XXX
Total Activos	XXX	Total Pasivos	XXX

Tal como lo hacemos con algunos exámenes médicos, la comparación en el tiempo de un mismo examen, indica mejoría o empeoramiento de la salud. En este caso la comparación entre un balance y otro, nos indicará si la empresa mejoró sus fuentes de financiamiento y si su capacidad de responder a los compromisos es más o menos sólida.

Un detalle no menos importante al momento de revisar un Balance, es que en este se han registrado los activos por su valor histórico, lo cual se desdice de la realidad en algunos aspectos, al no considerar que por ejemplo un bien inmueble subirá de valor gracias a la plusvalía, pero según el balance mantendrá su valor en el tiempo, y aún disminuirá producto de la depreciación que se le aplique. Así cuando se produzca la venta de dicho bien, generará una gran utilidad que no necesariamente se condice con la realidad. O por el contrario registrará un activo que puede perder valor en el tiempo más rápidamente que la depreciación asignada, y por ende al momento de su venta, generará una perdida (como en el caso de los vehículos automotrices).

El Estado de Resultados o de Pérdidas y Ganancias, es un informe que muestra lo que la empresa ha realizado durante un periodo de tiempo que puede ser un mes o un año. En el podemos apreciar los ingresos de la empresa (usualmente sus ventas) y sus egresos que constituyen el costo de la mercadería vendida y los gastos asociados para producir las ventas. Así podemos encontrar los costos que le han significado a la empresa los salarios, arrendamientos, contrataciones por servicios, intereses, depreciaciones, seguros, etc.

Este informe es más dinámico y su estudio nos ayuda a tomar decisiones para corregir o continuar el rumbo de los negocios. Si la empresa maneja diferentes áreas de negocios o grupos importantes de productos o servicios, es recomendable que este informe sea subdividido en dichas áreas o grupos. Esto permitirá poder revisarlas por separado y ver su rentabilidad y progreso, eliminando el subsidio que un área rentable podría estar dando a una deficitaria si solo nos concentramos en el global y no analizamos los individuales.

Este informe a diferencia del Balance que nos mostraba una instantánea de la empresa en un momento determinado, este nos muestra una evolución realizada en el pasado reciente. Y dado que ayudará a tomar decisiones de continuación o corrección de rumbo, es recomendable contar con un informe mensual; independiente que tengamos uno global anual.

Otro no menos importante es el flujo de caja o flujo de efectivo. A diferencia de los anteriores este se proyecta al futuro, permitiendo adelantarse a hechos que aún no ocurren. Orientado tal como su nombre lo indica a mostrar el flujo de ingresos y egresos que tendrá la empresa. Nos muestra el nivel de liquidez con el que podremos contar. A diferencia de los anteriores no está relacionado con resultados ni rentabilidades, sino con la capacidad de la empresa de generar liquidez.

Es un informe que deberé registrar los montos totales (ingresos y egresos brutos, sin descontar IVA) de cada uno de los compromisos que la empresa ha adquirido, tanto en ingresos como en egresos. Así registraremos las facturas a cobrar en su monto total, los documentos por cobrar, como las facturas y documentos por pagar. Además de los depósitos o inversiones de rápida liquidez que tenga la empresa, como el efectivo disponible en caja y bancos.

Dado que su evolución es muy dinámica y que actualmente con las planillas de cálculo es muy fácil confeccionarlos, es recomendable anotar sus variaciones semanalmente y actualizarlo en la misma frecuencia. Así, podremos predecir con anticipación cual va a ser el efectivo disponible para dentro de X meses en adelante. Si vemos que podríamos vernos enfrentados a un periodo de déficit, podríamos con antelación el generar promociones de venta o descuentos especiales con la finalidad de reforzar el efectivo disponible; por el contrario teniendo un horizonte de abundancia, podemos evaluar el realizar inversiones y disponer de dicho efectivo en una mejor manera.

En el flujo de efectivo, podemos también elaborar proyecciones midiendo sus consecuencias si por ejemplo aumentamos la venta en un determinado momento o si decidimos realizar un gasto o inversión. Nos permite evaluar cuál será el impacto de esas variables en el tiempo.

El familiarizarse con los números que muestran estos tres informes permitirá tomar decisiones que ayuden a mejorar la rentabilidad de la empresa y darle estabilidad en el tiempo. Si vemos bien, nos muestran una línea de tiempo desde el pasado hacia el futuro.

—Pero bueno, ya hemos hablado mucho de la teoría, y el tema es que esto soluciona poco tu problema inmediato de hacer rentable tu negocio. Te conozco, y sé que eres muy cuidadoso con los dineros, así que asumo que esta falta de rentabilidad no está pasando por una mala administración financiera, sino por una falta de flujos de efectivo que te permitan moverte con mayor soltura y cumplir tus compromisos sin mayores dificultades. Aumentar las ventas no es tarea fácil, no solo se trata de salir con más vendedores y gritar los productos, sino que se debe contar con una estrategia adecuada para repuntar nuevamente en las ventas — comentó Alberto.

—Sí, tienes razón, tal vez debería volver a revisar mi estrategia comercial y ver los cambios que podría hacer para mejorar nuestra propuesta.

—Primero que nada, sería bueno que revisaras cuales de tus productos y/o servicios están dando resultados satisfactorios y cuales no lo están dando; y si esta situación ha sido así desde siempre o solo ha presentado un cambio en el último tiempo. Cómo vimos ayer, es importante considerar en esta etapa, la opinión de los clientes respecto al producto/servicios que estas ofreciendo. Así puedes reconocer si el problema de la disminución de venta se debe a que el producto ha dejado de ser atractivo o útil a tus clientes, o tu propuesta de valor, es decir la manera como vendes el producto/servicio ya no es válida para tus clientes. Recuerda que los clientes pagan de acuerdo a lo que consideran que tiene valor para ellos — le indicó Alberto

—Entiendo, la revisión de mi estrategia comercial, va más allá de solo revisar lo que habíamos trazado hace un tiempo, sino de hacer una especie de reingeniería, algo así como reinventar nuestro negocio nuevamente — comentó Jorge

—Sí, yo creo que cada cierto tiempo es bueno hacer el ejercicio de revisar la estrategia comercial, y revisarnos como empresa. Al igual que como seres humanos vamos cambiando con el tiempo, las circunstancias y la experiencia; las empresas siendo seres vivos van pasando por similares etapas. Sobre todo en tiempos tan cambiantes como los que vivimos actualmente, es importante hacer este ejercicio con cierta frecuencia o regularidad.

—Y entonces, ¿sugieres hacer una revisión desde el comienzo?, es decir revisar todos las etapas de la formación de una estrategia — preguntó Jorge

—Es bueno hacer esa revisión a fin de ver qué cosas han cambiado desde la vez anterior, y poder hacer los ajustes necesarios. Contrario a lo que comúnmente se piensa, una buena estrategia comercial debe buscar poder evitar la competencia, es decir ganar sin competir. Esto nos permitirá evitar las guerras comerciales entre empresas similares, que como toda guerra, más que ganadores, deja muchos lesionados y perdidas. Para poder armar este tipo de estrategias, debes considerar primeramente los recursos y habilidades con los que cuentas, luego elaborar un modelo de negocio que sea original y atractivo para el mercado al cual diriges tus esfuerzos, a fin de crear un valor real para tus clientes. Y como todo plan estratégico, debe ser luego puesto en marcha y supervisarse paso a paso. De tal manera que puedas reconocer si es necesario hacer algunas modificaciones en el camino. Como decía Dwight Eisenhower: "Los planes son inútiles, pero la planificación lo es todo" —comentó Alberto

Alberto sostiene la idea de trabajar en base a una estrategia comercial que permita a la empresa ganar sin competir, o como decía Sun Tzu: "la estrategia en la guerra es aquella que permite alcanzar los objetivos sin tener que ir a pelear". Alcanzar estos objetivos, no es tarea fácil, sin embargo muchos autores han escrito sobre estrategia y realizado recomendaciones que nos ayudan a formar una idea más precisa de los pasos que podemos dar al respecto.

No existe una única receta para alcanzar el éxito, como tampoco existe una única empresa en un sector que lo haya alcanzado. El éxito es definido de diversas maneras, y "¿Qué dos personas, entre mil sabios, definirán el éxito con las mismas palabras? Y sin embargo el fracaso se describe siempre de la misma forma. El fracaso es la incapacidad del hombre de alcanzar sus metas en la vida, cualesquiera que sean".[29]

Dado que este no es un libro de texto, ni pretende serlo, citaremos algunas referencias y comentarios de diversos profesores

[29] Og Mandino, *El vendedor más grande del mundo,* Editorial Diana, Impreso en Perú, Octubre 1981, pág. 66

con referencia a los pasos a seguir al elaborar una estrategia. La realización de ella y su éxito, dependerá siempre de la persona o personas que la elaboren y de su puesta en marcha. Por experiencia podemos decir que las posibilidades de éxito están estrechamente relacionadas con la cantidad de esfuerzo, tiempo y dedicación que invirtamos en el desarrollo de la misma. Los cuestionamientos y razonamientos que realizamos durante el proceso de su elaboración nos permitirán y ayudaran a evitar cometer errores costosos. Como una vez escuche, es más fácil borrar una línea de un plano que destruir la pared.

Fernando Trías de Bes en su libro, "El libro negro del emprendedor" menciona: "más vale una idea mediocre brillantemente implementada, que una idea brillante mediocremente implementada"[30]. Pero como podemos hacer una implementación brillante, si no contamos con una adecuada planificación. Alguien tal vez podrá citar algún éxito empresarial que surgió sin mayor planificación, y eso es tan válido como el inexperto jugador de pool que gana el primer juego, la mayoría de los casos requiere hacer las cosas con orden, con planificación y de manera estructurada.

El inicio de todo plan estratégico, proviene de una idea, la cual muchas veces es el resultado de la observación del entorno (Jeff Bezos quien vio el potencial de la Internet como un nuevo canal de ventas por catálogo), de saber escuchar al cliente (Levi's Sratuss crea los famosos jeans, al ver que a sus clientes mineros se les desgarraba rápidamente los pantalones de algodón que utilizaban), de una frustración por no haber podido recibir algo que uno quería o deseaba (Travis Kalanick y Garrett Camp, estaban en París y encontrar un taxi libre se había convertido en una misión

---

[30] Fernando Trías de Bes, *El libro negro del emprendedor*, Empresa Activa, pág. 106

imposible. Mientras esperaban, una idea cruzó sus mentes: ¿y si pudieran conseguir un coche con sólo pulsar un botón en sus teléfonos móviles?, luego crearon la aplicación Uber), por ser la respuesta a una pregunta inocente o sin sentido (se cuenta que fue la hija de Edwin H. Land quien preguntó a su padre, porque habría que esperar tanto al revelado para tener una foto, lo que dio la idea de la creación de la Polaroid). Esta idea no solo se circunscribe a una innovación, sino al pensar cómo mejorar y/o aportar un nuevo valor a nuestros clientes desde los productos y/o servicios que ya les proporcionamos.

Nuestra idea nos llevará a moldearla, considerando criterios para desarrollar una ventaja competitiva que sea sostenible en el tiempo. El contar con ventajas competitivas permite a la empresa competir y destacar en el mercado con beneficios sustentables en el tiempo, pues dichas ventajas la diferencian de las demás empresas. Es por ello que los directores de la empresa deben procurar reconocer y desarrollar dichas ventajas.

"La empresa sólo podrá conseguir una ventaja competitiva sostenible cuando hayan fracasado los esfuerzos de las competidoras por copiar los beneficios de su estrategia o cuando carezcan de confianza para tratar de imitarlas".[31]

Para sostener esta ventaja, esta deberá contar con capacidades que sean **valiosas, raras, caras de imitar e insustituibles**. Un conjunto de estas cualidades le dará fuerza a su

---

[31] Michael A. Hitt, A. Duane Ireland, Robert E. Hoskinsson, *Administración Estratégica 5ta Edición,* International Thomson Editores, S.A., Impreso en México, Noviembre 2004, pág. 88

ventaja competitiva y le permitirá destacar en el mercado en el cual se desenvuelve.

Una **capacidad valiosa** es aquella que los consumidores consideran que les agrega valor, bien sea de mayor información en el sitio de internet, un mejor servicio que justifique el escoger y/o pagar un valor más alto, la calidad de atención humanizada, el conocimiento que el vendedor tiene del producto y del comprador, etc. Esta capacidad ayudará a la empresa a bloquear amenazas de potenciales competidores y le ayudará a reconocer nuevas oportunidades en el mercado.

Por ejemplo la empresa mexicana de cementos CEMEX, desarrolló un modelo de servicios que son valorados ampliamente por los clientes, pasa de un producto básico a un producto ampliado con la entrega de un cemento previamente mezclado, listo para el trabajo in situ

El servicio de entrega Express de cemento, ofrece una entrega in situ de solo 20' una vez solicitado el pedido correspondiente. Imitando la capacidad de entrega de comida rápida, CEMEX garantiza una entrega rápida de cemento en obra.

Incorporando la tecnología de posicionamiento satelital en su gestión logística, aseguró al cliente la entrega del cemento mezclado en cualquier punto de la ciudad de México DF, en menos de 20 minutos. Aun considerando los niveles de trafico existentes en el DF. CEMEX, logró una evidente ventaja competitiva en el mercado, y con ello, logra diferenciarse con un producto claramente aumentado en su cantidad de servicios y muy difícil de imitar.

Las **capacidades raras**, las entendemos como aquellas que no son fáciles de encontrar en las empresas, y que estas desarrollan de manera tal que a sus competidores les resulta muy difícil poder imitar o igualar.

"Por ejemplo, cuando se sustituyó, Palm Computing contaba con un sistema de operaciones distinto del que utilizaban sus competidoras del sector de las PC. Su software estaba diseñado para ser empleado por un pequeño aparato de mano. El primero producto que usaba el software Newton, de Apple, no creó valor suficiente para los consumidores y fracasó. No obstante, los fondos aportados por US Robotics permitieron que los fundadores crearan un software mejor y diseñaran el hardware que incorporarían a Palm Pilot, producto que si tuvo éxito…su software aún es un producto raro y sus competidoras, como Handspring, lo usan mediante licencia de 3Com".[32]

Capacidades caras de imitar, por lo general son producto de un desarrollo interno dentro de la empresa que lleva muchos años y está relacionada con su filosofía institucional o con el prestigio que ha desarrollado su marca. Su organización ha desarrollado ambientes laborales creativos, solidarios y fuertes; que si bien muchos pueden estudiar y analizar, no les va a ser fácil ni barato imitar, pues están interiorizadas dentro de todos los empleados de la compañía, producto de una asociación que lleva muchos años. Están íntimamente ligados a la cultura de la compañía, a su modo de hacer las cosas.

Un ejemplo de lo anterior lo encontramos en Southwest Airlines, que a pesar de competir en un mercado altamente competitivo, sigue destacando en los primeros lugares. A pesar de

---

[32] Michael A. Hitt, A. Duane Ireland, Robert E. Hoskinsson, *Administración Estratégica 5ta Edición,* International Thomson Editores, S.A., Impreso en México, Noviembre 2004, pág. 90

ser reconocida por su estrategia de precios bajos, cuenta con algunas capacidades caras de imitar que la hacen única y le permiten sostener su competitividad a lo largo de los años. Ellos han sabido infundir una cultura de bajos costes a lo largo de toda su organización. Herb Kelleher, CEO de Southwest comentaba en una entrevista en el 2003, el siguiente caso de un "agente de mostrador de Southwest en Los Angeles que dejó prestada una grapadora a un colega de otra aerolínea; nuestro agente le siguió hasta su mostrador y le dijo 'quiero asegurarme que nos devuelvas esa grapadora, porque si no es así va a afectar a nuestros dividendos'"[33] Hacer permear este sentimiento de pertenencia a lo largo de la organización es una capacidad cara de imitar.

Durante la misma entrevista, Kelleher comentaba por qué cree que su empresa ha tenido éxito: el trato a sus empleados. "En los negocios este tema siempre se ha considerado un acertijo: ¿Qué viene primero, los empleados, los clientes o los accionistas? Nosotros nunca hemos creído que fuese un acertijo. Si se trata bien a los empleados, ellos trataran bien a los clientes. Si se trata bien a los clientes, éstos volverán, y los accionistas estarán satisfechos".[34]

Finalmente las **capacidades insustituibles**, aquellas que no tienen equivalentes estratégicos. Son capacidades que la empresa tiene como vitales, que no es que puede escoger entre una u otra, sino que son únicos y por tanto su utilización es un complemento del otro, pero no un sustituto. Así "el valor estratégico de las capacidades se incrementa a medida que aumenta el grado de dificultad para sustituirlas. Cuanto más invisibles sean, tanto mayor será la dificultad de la empresa para encontrar

---

[33] www.knowledgeatwharton.com.es, *El éxito de Southwest Airlines, un secreto a voces*, 04 de Junio 2003
[34] ídem

sustitutos y así como el reto para las competidoras que tratan de imitar la estrategia de la empresa que crea valor. El conocimiento específico de la empresa y las relaciones laborales basadas en la confianza entre los administradores y el personal no administrativo son dos ejemplos de capacidades difíciles de identificar y que presentan todo un reto para encontrar sustitutos a ellas.

Por ejemplo, las competidoras conocen muy bien el exitoso modelo de ventas directas de Dell Computer. No obstante, hasta la fecha, ninguna ha podido imitar las capacidades de Dell, como lo prueba el siguiente comentarios: 'No existe una forma de hacer, vender y entregar PC mejor que la de Dell y nadie ejecuta el modelo mejor que ella'. Es más, ninguna competidora ha podido desarrollar ni usar capacidades sustitutas que reproduzcan el valor que Dell crea mediante el empleo de las suyas. Por lo tanto la experiencia señala que las capacidades del modelo de ventas directas de Dell son insustituibles"[35]

Antes de seguir, conviene recordar lo que dijo Michael Dell, CEO de Dell Computer Corporation: "No existe la ventaja competitiva, ni el éxito que duren para siempre. Los ganadores son los que no cesan de moverse. La única constante de nuestro negocio es que todo está cambiando. Tenemos que llevar la delantera en el juego"

No cesar de moverse está íntimamente ligado a lo que comúnmente llamamos innovación. Pero esta es una palabra que a veces la encuadramos a un ambiente netamente inventivo, un ambiente que obliga a crear de la nada, a inventar la rueda. Sin

---

[35] Michael A. Hitt, A. Duane Ireland, Robert E. Hoskinsson, *Administración Estratégica 5ta Edición,* International Thomson Editores, S.A., Impreso en México, Noviembre 2004, pág. 91

embargo, cuando hablamos de innovación debemos entenderla desde el punto de vista de hacer las cosas de una manera diferente, de romper el paradigma "siempre lo hemos hecho así". Ese paradigma ya no tiene validez en nuestros días, y menos en un mundo que cambia continuamente su manera de hacer las cosas.

Esto lo vemos más claramente cuando observamos propuestas disruptivas como el caso del transporte privado de pasajeros, que Uber revolucionó por medio de su aplicación. Gústele o no, el modelo de Uber, no solo generó controversia, sino que ha modificado el concepto de solicitar un servicio de transporte privado. Y este cambio que ellos realizaron está empujando a realizar nuevas innovaciones en el mismo sector, como cuando ellos mismos están trabajando en taxis sin choferes. Y por otro lado impactando en otras industrias que utilizando el principio de prestar servicio sin infraestructura propia, gestan nuevos negocios, como el caso de Airbnb.

Posiblemente en un comienzo no contemos con estas capacidades que hemos mencionado, sin embargo no es imposible no poder desarrollarlas. Ahora como todo deportista de elite, que se desarrolla a partir de sus capacidades existentes, las pequeñas empresas deben identificar capacidades aunque incipientes con las cuales cuentan y a partir de dichas capacidades comenzar un proceso de desarrollo sostenido, que les permita contar con las cualidades que hemos mencionado anteriormente.

Es más fácil y rápido desarrollar competencias en las áreas que ahora conocemos que en aquellas que desconocemos. Una empresa con habilidades de distribución podrá desarrollar mejor una competencia logística que una competencia en la producción de bienes. No quiere decir que le sería imposible hacerlo, sino que es más fácil y rápido acceder a una excelencia en el área en donde ya se cuenta con ciertas habilidades y conocimientos que en áreas donde solo se tiene referencias.

Dado que el objetivo principal es el crear **valor para el cliente** debemos pensar en cómo estas capacidades ayudaran en dicha ceración de valor. Creamos **valor para el cliente** cuando resolvemos las necesidades o problemas que el cliente tiene cuando viene a comprarnos un producto o solicitarnos un servicio. Él quiere que le "resolvamos su problema/necesidad" y cuanto mejor lo hagamos respecto a nuestra competencia, redundará en una fidelidad del cliente y su disposición a continuar haciendo negocios con nosotros. Este "valor" es lo que el cliente percibe en beneficios a cambio de lo que él está dispuesto a pagar. Por ello el "valor" de un producto/servicio, no depende solo del producto/servicio, sino del cliente para el cual está orientado dicho producto/servicio.

Para un cliente que prioriza la comodidad por sobre el precio, el servicio de Suite Cama será un servicio que agrega valor para él y por el cual está dispuesto a pagar un mayor valor en el pasaje de bus. Sin embargo para un cliente que prioriza el precio por sobre la comodidad, seguramente buscará un asiento clásico, y considerará que le agrega valor si lo encuentra limpio, en buenas condiciones y el bus ofrece seguridad y puntualidad.

Entonces durante la etapa de creación de valor debemos considerar la segmentación del mercado, o en otras palabras definir para que tipo de cliente va a ir dirigida nuestra oferta. La forma de segmentación es diversa y solo depende de nosotros el definir a que segmento del mercado vamos a apuntar. Pero también considerando cuales son nuestras capacidades. Tal como cuando un cazador antes de aventurarse en la búsqueda de su presa, considerará el armamento con el que cuenta y en base a esto definirá que presa buscará. No se caza un elefante con una escopeta calibre 12, ni un conejo con fusil doble de calibre 4, pues en el primer caso solo molestará al elefante y en el segundo caso destrozará al conejo.

Segmentar el mercado entonces estará relacionado con las capacidades con las que contamos. Podemos segmentar por razones etarias o generacionales, demográficas, socioeconómicas, geográficas, psicológicas, filosóficas, culturales, etc. Esta segmentación deberá también estar relacionada con el tipo de producto o servicio que ofrecemos. Pues algunos productos están orientados a un segmento per se. Por ejemplo instrumentos musicales, están orientados a un segmento poblacional que gusta de interpretar música y no solo oírla. O ropa para bebés, principalmente su mercado serán padres que están comenzando a formar familia y abuelos. Otros productos son más generales, pero aun así pueden orientarse a determinados segmentos debido a sus cualidades ofrecidas.

Consideraremos las siguientes interrogantes, para definir nuestro segmento de mercado: *¿quiénes queremos que sean nuestros potenciales clientes?, ¿cuáles son sus necesidades?, ¿cómo cubriremos sus necesidades, por medio de que producto o servicio?* Y a pesar de que definamos algunos parámetros de trabajo, siempre debemos considerar la necesidad de ser flexibles al momento de atender a un cliente determinado, pues este puede ser una oportunidad que se nos presente en el camino de nuestro éxito.

"Tomando en cuenta los tan agitados horarios de los trabajadores en Corea del Sur, Tesco lanzó tiendas de abarrotes virtuales en áreas públicas con alto tráfico peatonal, como estaciones de metro, donde los clientes podían usar una aplicación móvil, Homeplus, para escanear el código QR de un artículo y programar su entrega. La aplicación Homeplus fue descargada 900,000 veces en menos de un año, convirtiéndose en la aplicación de compras más popular en Corea del Sur. Las ventas en línea aumentaron en un 130% y los usuarios de aplicaciones aumentaron en un 76%. Como resultado, Tesco se convirtió en el principal minorista online del país, y las ventas en el extranjero fortalecieron a la compañía compensando los malos resultados de la empresa a nivel nacional. En lugar de esperar a que los clientes visiten sus tiendas, Tesco innovó y les brindó una experiencia de cliente digital. Al hacerlo, Tesco utilizó en su beneficio su conocimiento del comportamiento del consumidor local y de la tecnología avanzada y se adaptó con éxito a las nuevas tendencias."[36]

Una vez definido nuestro mercado objetivo, tendremos que buscar formas de crear valor para ellos. Siempre considerando nuestras capacidades existentes o definiendo que será necesario desarrollar algunas nuevas o potenciar algunas que tenemos pero que son débiles.

Entre los tips que podemos considerar para crear valor, tenemos:

- Preguntar: realizar encuestas, focus group, sondeos de mercado, etc. Preguntando al cliente que es lo que valora, que es lo que espera de un producto o servicio. Ahora es bueno considerar que si el producto o servicio es totalmente innovador, no será fácil obtener una respuesta de parte del cliente, pues aún no se lo imagina ni sabe lo que puede ofrecerle. Basta con que retrocedamos en el tiempo a los años 90, y hubiésemos preguntado a las personas si les interesaba que el celular tuviera dos o más

[36] https://blog.digimind.com/es/insight-driven-marketing/5-estrategias-de-experiencia-del-cliente

lentes; seguramente que la respuesta hubiese sido que valoraban una buena comunicación, y no consideraran la importancia de la calidad fotográfica.

- Ofrezca un servicio o cualidad del producto de forma diferente a su competencia, innove generando un estándar superior o diferente. Incorporar formas de hacer las cosas de otras industrias en la suya, puede ser una fuente de inspiración. La gracia de McDonald's en sus inicios (cuando los hermanos McDonald's fundaron el primer restaurante) fue establecer una línea de producción dentro de su restaurante de comida rápida, lo que les permitió "despachar los pedidos en 30 segundos o menos, aun en las horas de demanda máxima, cocinaban y empacaban los productos alimenticios con anticipación, en lugar de esperar a que les fueran pedidos…Los procedimientos eran tan detallados y los oficios tan especializados, que las operaciones de McDonald's no solo lograron mayores velocidades de producción sino que obtuvieron los mismos beneficios de economía de trabajo que Henry Ford descubrió cuando introdujo las técnicas modernas de línea de montaje en el proceso de fabricación."[37] Como vemos, aplicaron principios de la industria manufacturera a la industria de restauración.

- Descubra lo que su competencia no hace. Observe lo que ellos ofrecen y lo que no son capaces de ofrecer, ahí tiene una oportunidad de negocio. Dell es un ejemplo de ello, contrario a lo establecido en su época, decidió vender sus equipos directamente al cliente, sin utilizar intermediarios, permitiendo así que los clientes definieran las

---

[37] John F. Love, *McDonald's La empresa que cambio la forma de hacer negocios en el mundo,* Editorial Norma, Impreso en Colombia 1991, pág. 11.

características que tendría el equipo antes de su construcción, lo cual permitió una disminución de costos y un aumento considerable de su volumen de ventas. Siempre podemos romper el paradigma "así es como se ha hecho siempre".

- No se vuelva obsoleto, renuévese. Debe cambiar su propia manera de hacer negocios, debe salir de sus esquemas tradicionales. LATAM introduciendo su "nueva forma de volar" ha convertido una aerolínea tradicional en un hibrido de low cost y aerolínea regular; ofreciendo en el mismo vuelo diferentes formas de comprar el pasaje, así puedes comprar desde la tarifa PROMO hasta la TOP. Tenga cuidado de pensar que si su negocio ha resultado exitoso en el pasado, esto seguirá ocurriendo en el futuro, sin necesidad de realizar un cambio en la manera de hacer negocios, o en el producto que ofrece. Kodak a finales de los años 70's controlaba el 90% del mercado mundial, y a pesar que en el año 1996 ya contaba con un modelo de cámara fotográfica digital, la dirección de Kodak cuestionaba que la fotografía digital pudiese reemplazar a la fotografía tradicional. El fin de la historia Ud. ya lo conoce.

- Mejore, supérese a sí mismo. Es más de lo que venimos hablando. Así como el ser humano crece al superarse a sí mismo día a día, su negocio también debe ir mejorando día a día, ofreciendo más y mejores servicios. Con sus propias competencias extendidas a otros productos/servicios le ayudaran a crecer. Amazon en sus inicios solo ofrecía la posibilidad de comprar libros por Internet, luego explotando al máximo sus competencias logró rápidamente migrar a otros productos, y hoy en día casi puede encontrar cualquier cosa en su catálogo.

- Finalmente, divulgue lo que ofrece. Si hace algo nuevo, todo su mercado objetivo debe saberlo y lo más pronto posible. No solo deben descubrirlo, sino que Ud, debe comunicárselo. Cree canales de comunicación eficientes con sus clientes. "En el año 2009, el gobierno del estado de Queensland **se propuso impulsar el turismo hacia el nororiente australiano.** Como primera acción, publicó un anuncio en la sección de empleo de uno los diarios de circulación nacional con la frase: '**The best job in the world**'. Reforzada con una fuerte campaña de **relaciones públicas y un eficaz uso de las redes sociales**, la estrategia comunicativa arrojó como saldo principal que más de 34.000 personas se inscribieran en la solicitud de empleo, que no era, en últimas, más que una buena manera de posicionar al estado de Queensland a nivel nacional e internacional. El número de turistas se multiplicó desde entonces."[38]

Habiendo creado valor a nuestro segmento de clientes objetivo, debemos establecer la estrategia de como llegaremos a ellos, como abordaremos sus necesidades y les mostraremos el valor agregado que hemos creado para ellos. Para haber definido este valor agregado que ofrecemos, nos hemos respondido y analizado las preguntas, *¿qué bien o servicio novedoso vamos a ofrecerles?, ¿de qué manera lo vamos a fabricar o que es lo que vamos a crear para este nuevo servicio?, ¿cómo será nuestra*

---

[38] https://retos-directivos.eae.es/ejemplos-de-empresas-con-buenas-estrategias-de-comunicacion/

cadena de distribución, utilizaremos nuestros canales tradicionales o utilizaremos alguno nuevo?

Abordamos la estrategia siendo conscientes que los consumidores podrán elegir entre comprar mi producto o el de la competencia, y ello en general se deberá "(a) el precio del producto o servicio es menor que el del competidor o (b) el producto o servicio es percibido por el consumidor como uno que tiene un 'valor añadido' mayor que el de los demás"[39]. Si bien estas son las dos principales estrategias de ingreso al mercado, existe en la realidad una mixtura en su aplicación.

Cuando hablamos de estrategias basadas en precios (o en costes), rápidamente pensamos que lo único que se requiere es vender más barato, y tal vez con el menor margen posible. Lo cual a fin de cuentas no genera una sustentabilidad en el tiempo, pues bajos márgenes no generan una caja adecuada para financiar las operaciones propias de la empresa. El objetivo en realidad es vender a bajos precios, con un bajo valor añadido percibido manteniendo márgenes razonables y un enfoque dirigido a un segmento del mercado que es sensible al precio.

En su libro *"Dirección Estratégica"* los autores Gerry Johnson y Kevan Scholes, hacen referencia al trabajo de D. Faulkner y C. Bowman, *La Esencia de la Estrategia Competitiva*, en el cual estos últimos autores utilizan el término "valor de uso percibido" y no el de "valor añadido percibido" para referirse a la aplicación de 8 tipos de estrategias que combinan el uso de precios con la diferenciación, al momento de competir en el mercado. Mencionaremos algunos extractos del trabajo de Gerry Johnson y

---

[39] Gerry Johnson y Kevan Scholes; *"Dirección Estratégica"*, Editorial Prentice Hall, 5ta Edición, pág. 244

Kevan Scholes[40], en el que comentan estos 8 tipos de estrategias y que ellos denominan trayectorias.

- Trayectoria 1: Denominada también estrategia "sin filigranas" combina bajos precios, con un bajo valor añadido percibido y un enfoque dirigido a un segmento del mercado que es sensible al precio. En algunos casos es viable, pues existe un segmento del mercado que si bien reconoce que la calidad del producto/servicio puede ser baja, no puede (o no quiere) costear la adquisición de bienes de mayor calidad. En nuestro mercado chileno podemos reconocer a Supermercados Ekono, que se caracteriza por locales básicos, sin mayor decoración, con mercadería poco variada, escasos productos de lujo o especiales, bajos precios o descuentos por volumen.

- Trayectoria 2: Estrategia de precios reducidos, intenta conseguir un precio menor que el de los competidores, pero al mismo tiempo trata de ofrecer un producto o servicio de igual valor. Es una estrategia fácil de imitar por competidores que puedan alcanzar reducir sus precios. Pero esto puede llevar a una guerra de precios que hunda los márgenes de la industria. Pero algunos actores han logrado establecer políticas de precios reducidos, sin verse afectados por una reducción drástica de sus márgenes y una amenaza de entrada de otros actores con la misma política. El caso de Wal-Mart, es un ejemplo de ello. Han logrado establecer precios reducidos de manera constante y que sus cercanos competidores no puedan igualarlos, y esto se debe a que han sabido combinar sus competencias, una de ellas su logística y manejo de inventarios, que ellos denominan

[40] Gerry Johnson y Kevan Scholes; *"Dirección Estratégica"*, Editorial Prentice Hall, 5ta Edición, pág. 241 a 257

"almacenaje cruzado". Las mercancías están siendo continuamente distribuidas a los almacenes de la compañía, donde son seleccionadas, vueltas a empaquetar y luego distribuidas a las tiendas, muchas veces sin estar depositadas en el inventario. En vez de pasar un tiempo valioso en los almacenes, las mercancías se mueven de un muelle de carga hasta otro en 48 horas o menos. Este hecho posibilita que Wal-Mart consiga economías asociadas con compras de volumen, pero evitando el inventario usual y los costos de manipulación. Sorprendentemente, esto reduce los costos de ventas de Wal-Mart entre un 2% y un 3% en comparación con sus competidores.

Los precios estables facilitan la previsión de ventas y, por tanto, se reducen las ventas por caducidad de las mercancías y el exceso de inventario. Tener menos stock caduco, incrementa la fidelidad del cliente, mientras que el control de inventarios hace que la empresa tenga una respuesta rápida ante las cambiantes preferencias del cliente. Todos los días los bajos precios traen consigo un mayor tráfico de clientes, lo cual se traduce en más ventas. Johnson y Scholes enfatizan que si se va a tomar en serio la idea de liderazgo en costes como estrategia para la industria, todas las empresas menos unas pocas (de hecho solo una) tendrán problemas. Por lo tanto, esta no es una estrategia válida para todas las empresas de una industria.

- Trayectoria 3: Es una alternativa hibrida, basada en costes bajos y reinversiones en precios reducidos y diferenciación. Aquí es importante resaltar que existe una diferencia entre costes y precios. Cuando hablamos de costes, nos referimos a lo que le cuesta a la empresa producir el producto/servicio y cuando hablamos de precio es a lo que la empresa vende su producto/servicio. Así, el que una empresa esté intentando conseguir un liderazgo en costes o costes reducidos, no significa necesariamente que tenga que tener un precio inferior al de la competencia. Puede optar por invertir los excedentes de los mayores márgenes en investigación y desarrollo, o en marketing.

IKEA es un referente en este aspecto, pues ha logrado una producción de buena calidad a bajos costes, al tiempo que se centra en diferenciarse a partir del marketing, su gama de productos, su logística, y las actividades que se realizan en las tiendas.

- Trayectoria 4: Esta es una estrategia de diferenciación genérica, que intenta ofrecer productos o servicios únicos o distintos a los de los competidores en aquellas características que son muy valoradas por los consumidores. La idea es ofrecer productos con mayores prestaciones al mismo precio que los competidores o con un ligero precio superior. Esto lo logran por medio de una mayor inversión en Investigación y Desarrollo, creando un mejor diseño o mejoras en la organización o en los productos. También por medio de un planteamiento de marketing que posesione el producto como un satisfactor de las necesidades de los consumidores. O finalmente en el intento de la organización de convertir la diferenciación en su competencia principal. Pero no es fácil lograr que estas competencias sean totalmente exclusivas de la organización.

Sin embargo, las empresas deben tener cuidado al asegurarse que entienden bien ¿qué es lo que valora el consumidor?, para ello la empresa debe hacer un esfuerzo por estar más cerca del mercado que sus competidores. "Uno de los ejemplos que podemos mencionar de éste tipo de estrategias utilizadas es por parte de la cadena de tiendas OXXO, siendo establecimientos que, aunque sabes que son de un precio superior, puedes contar con ellas las 24 horas del día y con la mayoría de las cosas que puedas necesitar de manera inmediata, ya sea en el día o en la noche. Se han diferenciado de la competencia al ofrecer, si bien un servicio caro, un servicio único, o al menos, en la mayor parte del país"[41].

- Trayectoria 5: Una estrategia de segmentación en diferenciación intenta lograr un valor percibido elevado como justificación de un precio sustancialmente superior. Sin embargo, esta estrategia puede implicar que la empresa compite en un segmento de mercado concreto. En el sector retail, empresas con marcas propias en ropa, tales como Falabella, Paris y Ripley compiten en el mercado, intentando transmitir a sus consumidores que sus marcas o productos son diferentes a los de los demás. Pero Gucci que también compite en ese mercado de ropa, no intenta competir directamente con las marcas, pues ofrece un producto que en sí mismo es percibido superior y sus consumidores están dispuestos a pagar un valor sustancialmente suprior por él. Se debe tener en cuenta que esta decisión posiblemente lleve a elegir entre una diferenciación genérica en todo el mercado y una más segmentada. Al hacerlo así, uno se dirige a un segmento concreto del mercado. Pero aún en un segmento concreto del mercado, las estrategias comentadas, tienen la misma importancia que en el mercado global. Por ejemplo Lexus

---

[41] https://www.marketeroslatam.com/estrategias-genericas-negocio-michael-porter/

compite en el mercado de los autos de lujo, pero dentro de este segmento aplica una estrategia algo distinta a la de los demás fabricantes de autos de lujo. Se puede pensar que sus competidores son los fabricantes de la gama más alta, Mercedes y BMW. Frente a estos competidores en este segmento, Lexus está aplicando una estrategia de precios reducidos, o tal vez una estrategia híbrida. Su calidad es tan buena como la de los modelos de las otras marcas, pero sus precios son inferiores.

Es importante tener claro cuál es el segmento del mercado al cual va dirigida su estrategia y definirlo en función de un conjunto coherente a las necesidades del mercado.

Puede resultar difícil que esta propuesta prospere en un reducido mercado. Por lo que pasar de una trayectoria 5 a una 4 implicará reducir el precio y por tanto los costes, al tiempo que se mantienen las características de segmentación. También se debe estar muy atento al mercado, pues tienen un comportamiento cambiante y esto obliga a hacer un seguimiento estrecho a las ventajas de un planteamiento de segmentación.

- Trayectoria 6: Precio superior pero con valor agregado estándar, puede producir mayores márgenes si los competidores no nos siguen, pero con el riesgo de perder cuota de mercado. Es una estrategia seguida por los monopolios. Pero salvo que cuenten con grandes y poderosas barreras de entrada, es una estrategia condenada al fracaso.

- Trayectoria 7: Incrementa el precio a la vez que reduce el valor agregado, salvo un monopolio, ninguna otra empresa sobrevivirá a este tipo de planteamiento al mercado.

- Trayectoria 8: Reducir el valor agregado y mantener un precio estándar, conduce a una pérdida sustancial de cuota de mercado y por ende también está destinada al fracaso.

El siguiente paso, es llevar a la realidad lo planificado y acordado. En la ejecución, no hay una receta estricta a seguir, y depende mucho de las competencias de cada empresa y sus fortalezas y oportunidades con que cuenta. Este es un desarrollo propio de cada dirección. Lo que sí está claro es que su mensaje no puede ser ambiguo, tanto para el mercado como para sus propios colaboradores. Toda la organización debe estar alineada y comprender plenamente que estrategia se está utilizando y a que segmento de mercado (si se ha realizado una segmentación) se apunta. Caso contrario, tendrá confusión en el proceso y perdidas de orientación. Por ejemplo si se decide por una segmentación en diferenciación, que implica que se está ofreciendo los productos a un precio mayor y con un valor agregado que sea percibido en el segmento, no se puede contar con un equipo de ventas que venda a un segmento que no valore ese valor añadido y que en su lugar se preocupe por el precio. Si tal es el caso, y la empresa quiere conseguir la venta, lo que hará será reducir el precio, manteniendo el valor añadido, con lo que reduce sus márgenes y por ende se encamina al fracaso.

Otro de los aspectos a tener en cuenta, es el realizar un seguimiento del plan establecido a fin de poder evaluar si nos lleva o no a alcanzar los objeticos deseados. Este seguimiento implica contar con KPI (key performance indicator = indicadores claves de desempeño) que se ajusten a lo que realmente le interesa a la empresa y no solo que sean copias de lo que otros miden. Por ejemplo para una empresa minera contar con un KPI que mida la accidentabilidad laboral es vital, pero para una empresa que solo cuenta con oficinas administrativas y sus riesgos de accidentabilidad son mínimos, contar con este indicador no tiene sentido. Los indicadores deben ser tales que nos permitan con pocos de ellos determinar el rumbo que estamos teniendo.

Seguramente cuando un KPI no está dando los resultados esperados, será necesario realizar algunos otros análisis más profundos a fin de determinar las causas reales de lo que está pasando. Tal como cuando vamos al doctor para evaluar nuestra salud, los primeros exámenes que nos pide no son resonancia magnética o scanner o una colonoscopia. Normalmente nos solicita análisis de sangre, orina, heces, nos mide el peso y toma la presión; y si alguno de estos "KPI" muestra resultados fuera del rango, entonces profundiza en otros exámenes más específicos hasta llegar a exámenes profundos y meticulosos; todo lo cual le permite arribar a un diagnóstico más acabado.

Como mencionamos párrafos arriba, el personal debe ser capacitado e involucrado en el planteamiento estratégico de la empresa. Ellos así como los directivos también deben estar convencidos de lo razonable de la estrategia. Probablemente se piense que solo basta dar la orden para que se ejecute, pero no estamos tratando con máquinas en ninguno de los dos lados de la mesa, sino con seres humanos, que deben sentirse convencidos a fin de poder transmitir a los clientes al otro lado de la mesa la conveniencia de adquirir con nosotros el servicio o producto. Así los argumentos serán coherentes entre sí, y con el perfil del potencial cliente. Este a su vez se sentirá identificado con la empresa pues reconoce en ella a una empresa que se enfoca en él.

El capacitar al personal, estamos hablando de incorporar a todos, desde la parte administrativa, logística, finanzas, contabilidad, ventas, etc. Pues estos de una u otra manera toman contacto con los clientes, bien sea directa o indirectamente y deben estar alineados con la idea que la empresa desea transmitir a su mercado. No es lo mismo atender a jóvenes que a personas de la tercera edad, como tampoco hombres de mujeres; por más trato igualitario que pensemos que es aceptado por todos, en realidad cada persona es diferente y el mercado lo sabe. Una cosa es el discurso y otra muy diferente la acción. Y finalmente es el cliente quien tiene la razón y es él quien decide como quiere ser atendido, es él quien define si el producto o servicio tiene el beneficio a cambio de lo que él está dispuesto a pagar.

Toda empresa para ser exitosa requiere que los resultados mostrados en la última línea de sus informes de Resultados muestren números positivos e incrementándose periodo a periodo. A grandes rasgos este informe cuenta con cuatro partes:

Ingresos producto de venta de productos/servicios de la actividad	(+)
Costo de los productos/ servicios vendidos	(-)
Gastos administrativos realizados para soportar la actividad	(-)
Gastos no administrativos e impuestos	(-)
Resultados	(=)

Entonces para que los resultados aumenten solo nos queda fijarnos en reducir los componentes que restan o aumentar el que suma. Reducir los que restan es posible hasta cierto nivel, pues finalmente hay mínimos de los cuales no se puede prescindir. Sin embargo debemos cuidar de no acumular "grasa" en nuestra organización; entendiendo por "grasa" todo aquello que nos aumenta el volumen de la misma pero que no aporta a los resultados, que no le agrega valor a la empresa. Entonces cuidando que los factores que restan no aumenten y procurando que disminuyan lo más razonablemente posible, debemos concentrarnos en aumentar el factor que suma.

Para aumentar los ingresos es importante conocer realmente las necesidades y aspiraciones de los consumidores de nuestro mercado. Bien sea este un mercado global o uno segmentado y acotado, debemos conocer que es lo que el consumidor valora y por lo que está dispuesto a pagar. Cuanto más global nuestro mercado más general será su comportamiento y sus necesidades; por el contrario cuanto más segmentado sea, más específicos serán sus necesidades y más sensible será ese mercado a nuestro interés por conocerlo y por interpretarlo.

También considerar que cuanto más segmentado y acotado es el mercado, menor será el potencial de consumidores que lo conforman, y si consideramos la frecuencia con que nuestro producto/servicio puede ser solicitado; podemos estar enfrentándonos a un escenario de bajo volumen de ventas y baja rotación de inventario que puede convertirse en una amenaza a nuestro proyecto. Salvo que este segmento y nuestra propuesta justifiquen un elevado margen que proteja contra esta amenaza.

Identificadas las necesidades y aspiraciones, entonces revisamos si nuestra propuesta de valor las satisface, caso contrario, será necesario realizar los ajustes correspondientes para que si lo hagan. Como podemos ver existe una relación estrecha entre estrategia aplicada – consumidor al cual oferto mi producto/servicio – y respuesta a sus necesidades. Estos tres factores deben ser coherentes. No puedo pensar en una estrategia de bajo precio, enfocada a un mercado totalmente exclusivo y agregar el máximo de valor; esta fórmula conlleva al fracaso.

Siempre se ha dicho que es más fácil retener a los clientes o fidelizarlos que conseguir nuevos clientes. Y esto es verdad, aun cuando ahora contamos con mayores canales para llegar a los clientes, estos siguen dando su dinero solo a las empresas que consideran les dan un beneficio y valor añadido por el dinero que ellos entregan.

Existes diversas maneras de promover las ventas entre los consumidores, pero nuevamente esta debe estar orientada y enfocada en el mercado elegido con el que se va a trabajar. Nótese que las marcas de lujo, por ejemplo, no fidelizan o atraen clientes por reducir sus precios y/o hacer descuentos, pues ellos saben que sus clientes aman la exclusividad, son clientes que están dispuestos a pagar precios elevados por productos de una elevada calidad pero sobre todo muy exclusivos. Por ello, aplicar descuentos sería incluso contraproducente, porque vender productos más baratos significaría que serían más asequibles, se perdería exclusividad y además sus clientes habituales se podrían sentir engañados por pagar más que otros clientes por los mismos productos.

Por ello la campaña hacia los clientes debe estar enfocada hacia el mercado escogido. Entre las muchas estrategias asociadas a este objetivo podemos encontrar:

- Premios: el objetivo principal de los premios es convencer al cliente de comprar un determinado producto en el momento mismo en que lo ve…un premio es una pieza de mercancía que se ofrece a un cierto costo para la empresa o para el cliente que compra el artículo en particular. Al pensar en un premio, deben buscarse siempre artículos que sean novedosos y atractivos para el público. El premio debe ser escogido con una calidad acorde al producto que se está promoviendo[42].

- Muestras: Las muestras son una estrategia de promoción de ventas en la que el producto en sí es el principal incentivo[43]. Estas pueden ser gratis o de un valor reducido, con la idea que el cliente pruebe las cualidades del producto y se vea inducido a comprarlo.

- Agrandar la oferta: es una técnica muy utilizada espacialmente en las cadenas de comida rápida. Cuando te dicen si quieres agrandar tu pedido por más papas fritas o por más cantidad de bebida. En general te ofrecen aumentar en un 15% el tamaño de tu pedido a un valor de 25% o más del precio original. Pero nunca te das cuenta de eso, hasta que hagas el cálculo.

- Programas de puntos: se han hecho populares últimamente, permiten a los clientes acumular una cantidad de puntos (o millas en el caso de las aerolíneas) para luego con cierta cantidad de ellos canjearlos por algún producto o servicio

- Programas de membresías: premian la continuidad de compras del cliente por medio de darle derecho a participar de ciertos beneficios o descuentos especiales.

- Capacitación continua: ofrecen principalmente las empresas dedicadas al negocio B2B, en que dan a sus clientes cursos de actualización y perfeccionamiento en áreas relacionadas con los productos o servicios que

---

[42] Laura Fisher, *Mercadotecnia – Segunda Edición*, McGraw-Hill, Impreso en México, noviembre 1993, pág. 257-259
[43] Ídem, pág. 275

venden. Estos cursos a veces son totalmente financiados por la empresa o co-financiados con los clientes.

- Servicio de mantenimiento preventivo sin costo o con costo reducido para clientes frecuentes. O contratos preferenciales de servicio técnico para lso clientes, entre otras cosas.

Vemos pues que en cuanto al tema de fidelización a clientes, existen ahora varias maneras de conseguir que el cliente se identifique con la marca o con la empresa y en ocasiones prefiera pagar un valor más alto, pues considera que está recibiendo beneficios mayores por su dinero.

Los clientes esperan también de parte de la empresa, nuevas propuestas comerciales, tanto en lo que respecta a innovación en productos como en servicios y en condiciones comerciales. La innovación debe ser una costumbre permanente dentro de la empresa. Esto no solo debe contemplarse desde el lado de productos y servicios, sino también en la infraestructura, el empaque, la logística, la atención al cliente, etc.

Bien sea que optemos por estrategias orientadas a precio u orientadas a diferenciación, debemos ser cuidadosos con los costes, pues estos impactan negativamente en los resultados finales. Por lo que una cuidadosa y metódica revisión de costes nos permitirá identificar aquellos que se han vuelto innecesarios o que pueden ser optimizados. Esto es como hacer ejercicios permanentemente, ayuda a mantener en línea el acumulamiento de grasa, y su control regular nos permite identificar qué cambios son necesarios hacer en nuestra rutina alimenticia.

Esta eliminación de "grasa" también involucra el revisar el inventario y proceder a su liquidación cuando encontramos inventario obsoleto, pronto a su vencimiento, o dañado. Una revisión del inventario periódica ayuda a mantener una realidad financiera de la empresa y no una numeración fantasiosa en los reportes contables.

—En resumen abuelo, al momento de hacer esta revisión estratégica, debemos primeramente ver con que contamos, es decir cuáles son nuestras capacidades tanto tangibles como intangibles; luego ver a qué tipo de clientes queremos llegar con nuestro producto/servicio y definir si queremos continuar con un alcance por medio de precios o por diferenciación, o por una combinación de ambas.

—Correcto, y una vez definido el mercado a atender, y la estrategia a aplicar, se deben comunicar esto a todos los integrantes de la compañía. Es en este momento en que les expones los KPI con que se van a evaluar los resultados de la política tomada. Ahora considera que para algunos KPI, sería bueno, que fueran fijados por los mismos participantes de la reunión, pues ellos serán evaluados por los resultados.

—Si entiendo bien, luego de fijar la política desde la dirección de la empresa, debemos comunicarla al personal y en esa misma reunión con la ayuda de ellos discutir los KPI que serían más apropiados para nosotros.

—Cuando el personal mismo es el que fija los KPI por los que van a ser evaluados, se siente parte de la decisión y se compromete más con la empresa y con las metas por alcanzarlos.

—Pero los KPI por si solos no ayudan mucho — replico Jorge.

—Los KPI deben considerar también los rangos en que se espera que se muevan, cuáles serán los valores mínimos aceptables y cuáles serán los valores a los que aspiramos. Tal como en el caso de los parámetros de salud. Esperamos que nuestra temperatura corporal fluctué entre 36° a 36,5°C, números mayores nos advierten de una posible infección, y si llegan sobre 39°C se toman medicamentos para controlar la temperatura y sobre 40°C las acciones serán urgentes y más drásticas. Igual en la empresa, al definir los rangos de movimiento de los KPI nos permiten tener un cuadro visual de como se está desenvolviendo la empresa y si es necesario hacer algunas correcciones. — comento Alberto.

—También deberíamos comparar algunos KPI con resultados anteriores, a fin de conocer si hemos avanzado o estamos retrocediendo, ¿verdad?

—Así es, el registro histórico nos permite hacer comparaciones para evaluar nuestro progreso. Estas comparaciones, también es bueno hacerlas con respecto a nuestra competencia, y mejor aún con respecto a las mejores prácticas aun cuando no sean en nuestra propia industria. El comparar nuestras acciones con las mejores prácticas (aun cuando no sean de la industria donde nos desarrollamos), nos desafía a ser mejores y alcanzar competencias difíciles de imitar.

—Gracias abuelo, me encantó como siempre hablar contigo este fin de semana, me voy con muchas ideas en mi cabeza, y que ahora tengo que ordenar para empezar a poner en práctica en los siguientes días.

—Me alegra que sintieras que te he sido de ayuda, si es verdad, este tipo de conversaciones nos generan muchas ideas y a veces queremos ponerlas todas en práctica y no sabemos por dónde empezar. Lo mejor es revisar el ¿dónde estamos? y luego contestar ¿adónde queremos llegar? Habla con tu gente y analicen adonde quieren llegar. El ¿cómo hacerlo? Es una pregunta que tomará más tiempo y que requerirá revisar la estrategia aplicada hasta el momento. Tal vez se den cuenta que es necesario realizar algunos cambios. Estén con la mente abierta para poder visualizar los cambios que son necesarios realizar, pues estos pueden ir desde introducir nuevos productos/servicios, dejar algunos productos/servicios, volver a segmentar el mercado, cambiar la estrategia utilizada anteriormente, realizar cambios administrativos, etc.

—Sí, tienes razón, con eso de estar con la mente abierta y dispuesta a escuchar ideas nuevas.

—Muchas veces los cambios son difíciles de hacer y más de aceptar, pero son necesarios para crecer. El tema no está en hacer cambios, el tema está en cómo los vamos a enfrentar, lo que redundará en el provecho que alcancemos o no. Y hablando de cambio, que tal si me acompañas a la feria a comprar las cosas para la semana, sino, tu abuela me va a retar — prosiguió Alberto

—Está bien, será divertido volver a ver a los caseros de antes.

—Verdad, hace tiempo que no me acompañas a la feria. No ha cambiado mucho, siguen casi todos los de siempre; luego en la tarde podremos salir a pasear con tu abuela — prosiguió Alberto

—Sí, me gusta la idea; como en los viejos tiempos — respondió Jorge.

DOMINGO POR LA MAÑANA

Como todo domingo, comenzaron el día muy relajados y tarde se reunieron alrededor de la mesa para tomar desayuno y disfrutar de la compañía mutua.

—Me alegra que hayas pasado este fin de semana con nosotros—dijo la abuela

—Gracias abueli, sabes que siempre ha sido un placer para mí estar con ustedes y especialmente cuando pasábamos fines de semana, ya ha pasado mucho tiempo de ello. Con los niños ya no es tan fácil pasar tanto tiempo fuera, siempre tienen actividades o nosotros tenemos que hacer cosas para la semana. Tú sabes cómo es esto—respondió Jorge

—A nosotros nos pasaba lo mismo cuando tu papá y tus tíos estaban chicos, nos era difícil visitar por largo tiempo a mis padres o a los padres de tu abuelo. No te preocupes; pero por suerte hay momentos como ahora que se pueden hacer estas visitas largas—contestó la abuela y continuó—bueno, ahora no se queden solo conversando, me ayudan a levantar la mesa, mientras que María y yo preparamos el almuerzo.

—Está bien, mi amor—contestó Alberto—y luego nos vamos al jardín, así me ayudas a limpiar un poco las hojas secas y podar algunos de los arbustos.

Jorge y Alberto volvieron a conversar mientras trabajan en el jardín, ya no de temas empresariales, sino más coloquiales. Los abuelos tenían una hermosa parcela al sur de la ciudad, donde no solo habían construido una casa, sino también contaban con árboles frutales, entre los que tenía ciruelos, naranjas, manzanos, paltos, pomelos, limones y hasta un mancaqui; un hermoso jardín y una pequeña piscina que disfrutaban principalmente durante el verano y cuando los nietos y bisnietos los visitaban de cuando en cuando. Alberto y su esposa, habían logrado mantener unida a su progenie, de tal forma que casi siempre recibían visita de sus hijos con sus familias y a veces algunos de los nietos mayores como Jorge, que les visitaban solos.

Así la parcela, se había vuelto un lugar de reunión familiar, no solo para los cumpleaños de Alberto y Cecilia, y las fiestas tradicionales como el día del padre, de la madre, navidad, etc.; sino también muchos fines de semana que sin mayor planificación recibía la visita de alguno de los descendientes. Por ello Cecilia, siempre contaba con una alacena bien provista, para poder atender a la familia durante estas ocasiones. Y a todos les encantaba poder disfrutar de sus postres y bizcochos que hacía, o tomar una rica taza de espeso chocolate caliente en las tardes de invierno.

Mientras estaban en el jardín cosechando algunas naranjas que ya estaban maduras, oyeron que se abría el portón y entraba un vehículo.

— ¡Alberto, mira quien está aquí! — gritó la abuela desde la entrada de la casa

—Ya voy — contestó el abuelo

— ¡Sophia!, mi nieta favorita, que gusto tenerte nuevamente en casa — dijo el abuelo al llegar a la puerta — casualmente hemos estado todo este fin de semana conversando con Jorge, que nos vinos a visitar.

—Nos vino a visitar, suena a multitud; solo ha hablado con tu abuelo, la mayor parte del tiempo — reclamo la abuela

—Es que tenía unas consultas y dudas sobre su empresa, y quería comentarlas conmigo — replico Alberto

—Jaja abueli no te pongas celosa, tu sabes que eres nuestra abueli favorita y te queremos mucho — dijo Sophia, mientras le daba un fuerte abrazo y beso nuevamente; y pasaban a la casa. Ya Jorge había dejado el jardín y entrado a la casa para saber quién había llegado.

—Sí, lo sé. Y para ser justa, yo también disfruto viéndolos conversar; además que me dio tiempo para preparar unos ricos postres.

—Hola Jorge, mi mamá me dijo que seguramente te encontraría aquí con los abuelos. Por lo visto te quedaste todo el fin de semana.

—Sí, aproveche que Julie fue con los niños a visitar a mis suegros al sur, y entre quedarme solo en casa, me vine a ver a los abuelos.

— ¿Sophie, ya almorzaste? — preguntó la abuela

—No, abueli, espero haber llegado a tiempo para el almuerzo, ¿ustedes no habrán almorzado, verdad?

—No, tu sabes que los domingos partimos tarde todo. Así que aún estoy preparando el almuerzo. Estoy haciendo ese chanchito que tanto le gusta a tu papá, así que siéntate con tu abuelo y Jorge a conversar mientras yo termino los detalles del almuerzo y le pido a María que me ayude con poner la mesa.

—Uy que rico, gracias abueli.

Sophia, era la hermana menor de Jorge, ella y uno de sus hermanos vivían aún en casa de sus padres, y con cierta regularidad visitaban a los abuelos. Ella estaba en su primer año de la Universidad, estudiando Administración de Empresas. Soñaba con algún día seguir los pasos de su abuelo, y su hermano. Quería poder emprender su propio negocio y de esa manera desarrollarse profesionalmente.

—Así que estuviste interrogando al abuelo, todo este fin de semana eh? — comentó Sophia a Jorge.

—Tanto como interrogándolo, no; pero si conversando sobre cómo va la empresa, y algunos problemas que hemos tenido. El abuelo como siempre me ha dado algunos consejos, no sin antes hacerme llegar a ellos con sus preguntas rebuscadas, jiji — contestó Jorge — y a ti, cómo te está yendo en la U, en tus primeros meses, hace tiempo que no hablamos de esto.

—Bien, he tenido buenas calificaciones, pero aún hay conceptos que no tengo del todo claros, ustedes saben, no es fácil comprender conceptos con los que uno no está muy familiarizado — contestó Sophia

— ¿Y con que conceptos tienes dudas o no tienes claridad? — preguntó Alberto

—Seguro para ustedes va a parecer muy obvio, pero como estamos en familia, y como tu abuelo, siempre nos has dicho que no hay preguntas tontas, sino tontos que no preguntan, lo preguntaré. ¿Qué se refiere exactamente con flujo de caja o flujo de fondos?

—El flujo de fondos es un informe financiero que mide solamente movimiento de efectivo, considerando todos los ingresos y egresos de un periodo y que utilizamos para poder saber qué pasará con una inversión que vamos a hacer. Tu sabes que una inversión X requiere primero invertir un determinado monto de dinero, y luego durante el tiempo esperamos ir recibiendo ingresos. Entonces lo que hacemos es hacer una planilla en la cual colocamos en columnas de meses o años, los ingresos y egresos que vamos o proyectamos tener en cada uno. Luego sumamos cada columna, y los totales que tenemos en ellas, los llevamos por medio de la fórmula de valor presente neto, al valor que tendría ese dinero hoy. Así podemos comparar y evaluar si vale la pena o no invertir una cantidad de dinero en el proyecto. Si el valor presente neto resulta mayor que lo que vamos a invertir, entonces se justifica hacer la inversión. "Su gran ventaja es que en la práctica se presenta para varios periodos, mirando hacia el futuro, mientras los otros estados financieros registran cifras del pasado"[44]— contestó Alberto

—"Otro uso del flujo de fondos (flujo de caja) puede ser la estimación de un presupuesto. La idea es proyectar lo más fielmente posible como se desenvolverá una empresa en un periodo determinado, tratando de establecer de antemano sus necesidades de financiación. La evolución de la caja se irá comparando con el presupuesto para mantener el control de lo presupuestado"[45] — agregó Jorge

—Por otro lado entiendo por lo que me enseñaron en Contabilidad, que Capital es el dinero que aporta el inversionista dueño o los socios. Pero muchas veces escucho usar la palabra Capital en diferentes contextos de las empresas — comentó Sophia

---

[44] Luis Fernando Gutierrez Marulanda, *Finanzas Prácticas para Países en Desarrollo*, Editorial Norma, impreso en Colombia, Junio 1992, pág. 36
[45] Ídem pág. 87

—Bueno, lo que pasa es que la palabra Capital implica el conjunto de bienes en dinero o propiedades; pero se ha ido derivando a otros aspectos basándose en el concepto de "conjunto de bienes". Así puedes haber escuchado frase como "el capital humano de esta compañía", la persona tal o cual posee un "alto capital intelectual", etc. Entonces lo que se quiere decir al usar la palabra Capital es referirse a un conjunto de recursos que puede ser dinero, propiedades, fuerza laboral, capacidad imaginativa, conocimientos, etc. Que se aportan a un proyecto o empresa — comentó Jorge

—Pero entonces cuando hablamos de rentabilizar el capital, ¿solo nos referimos a un capital monetario o en propiedades? —preguntó Sophia

—En estricto rigor, sí. Pues la rentabilidad del capital no es otra cosa que la ganancia que este ha producido a lo largo de un periodo de tiempo. La rentabilidad la expresamos como un porcentaje. Así si nuestro capital es de 100, y al final del periodo tenemos un capital de 110, decimos que nuestro capital ha rendido o ha tenido una rentabilidad del 10%. Y es más fácil medir el rendimiento de algo cuantificable. Pero también podríamos, volviendo a lo que tu hermano dijo, decir que "el capital humano de la empresa" es rentable, cuando el costo de tenerlo es menor a lo que produce, y podemos decir que ha crecido cuando sus capacidades de hacer cosas han aumentado. Pero esto a veces no es tan fácil de medir como el aspecto contable.

—Pero ojo, no deberíamos confundir rentabilidad con rendimiento. La rentabilidad está ligada con la capacidad de producir un beneficio adicional por sobre la inversión, y más que nada contra dinero invertido, en lo que sea. Desde un deposito en el banco hasta la compra de una propiedad y el aumento de su valor en el tiempo. Por otro lado cuando hablamos de rendimiento es por lo general lo que es capaz de producir en bienes o servicios una maquina o una persona. Si una maquina produce 50 botellas por hora, decimos que ese es su rendimiento. O una persona puede escribir 20 hojas en una hora, pues ese es su rendimiento inicial. Luego si a la maquina le hacemos algunas modificaciones o revisamos algunos procesos, tal vez podemos aumentar la producción a 60 botellas por hora entonces decimos que hemos aumentado el rendimiento de la máquina. O si a la persona en lugar de tener que escribir a mano, ahora puede contar con una máquina que escriba lo que ella le dicta y así logra escribir 40 hojas, hemos aumentando el rendimiento de la persona — comentó Jorge

—Y ya que mencionas el tema del rendimiento de las personas, he escuchado también eso de que dependiendo de sus habilidades duras o blandas la persona podrá tener un mejor rendimiento en determinado puesto.   ¿A qué se refieren con habilidades duras y blandas, no son todas lo mismo, habilidades? —preguntó Sophia

—Pues veras, se dice que el término "habilidades blandas" se acuño en el año 1972 por el doctor Whitmore durante una Conferencia, y que lo definió tentativamente como "importantes habilidades relacionadas con el trabajo que suponen poco o ningún contacto con máquinas y cuya aplicación está bastante generalizada". Con el paso del tiempo se ha ido interiorizando este concepto, ya no solo dentro de las fuerzas armadas, sino a nivel empresarial principalmente. Y se relaciona con el carácter del individuo, su honestidad, sus valores, su empatía, su capacidad de relacionarse y formar equipos con otros, su sabiduría o capacidad de aplicar sus conocimientos, sus habilidades comunicativas, su compromiso y su actitud proactiva frente a los desafíos que se presentan. Por otro lado cuando hablamos de "habilidades duras" nos estamos refiriendo a sus conocimientos académicos adquiridos durante su proceso formativo profesional — contestó el abuelo

—Puedes ver que ambas habilidades son necesarias en el desarrollo profesional de una persona. Hace poco vi una conferencia de Victor Küppers[46], quien mencionaba una formula muy interesante. La fórmula era el valor de uno como persona. Entonces el la colocaba de esta manera: $V=(C+H)*A$, donde C era los conocimientos que uno tiene, o las habilidades duras, la H es la habilidad que vienen a ser las destrezas que has adquirido por medio de aplicar conocimientos, y ambas era importantes pues sumaban; pero la A era la actitud, y esta es tus habilidades blandas desarrolladas a plenitud que te producen una actitud positiva y bien dispuesta a hacer cosas. Y esta no suma, multiplica!!! — dijo Jorge.

—Gracias a ambos, me quedan más claros los conceptos.

—Bien, ya estamos listos, a comer!!! pasen a lavarse las manos que ya la mesa está servida y este chanchito se enfría—dijo la abuela mientras terminaban de poner la mesa

Todos se pararon y obedeciendo a la abuela se prepararon para disfrutar de un rico almuerzo dominical en familia.

---

[46] https://www.youtube.com/watch?v=nWecIwtN2ho

BIBLIOGRAFIA

Alet, Josep. *Márketing relacional,* Ed. El Comercio S.A. Lima, 2000

Charles G. Koch; *"The science of success"*, John Wiley & Sons, Inc., Hoboken, New Jersey 2007

Daniel Goleman; *"La Inteligencia Emocional"*, Javier Vergara Editor S.A., 1996

Drucker, Peter F. *La gerencia. Tareas, responsabilidades y prácticas.* El Ateneo, 6° ed. 1985, Buenos Aires, (1° ed. En inglés 1973)

Fernando Trías de Bes, *El libro negro del emprendedor*, Empresa Activa

Gerry Johnson y Kevan Scholes; *"Dirección Estratégica"*, Editorial Prentice Hall, 5ta Edición

Groysberg, Boris; Nanda,Ashish y Nohria,Nitin; *"El alto riesgo de contratar estrellas"*, publicado en Harvard Business Review, América Latina, Mayo 2004

Jericó, Pilar, *"La Nueva Gestión del Talento – Construyendo Compromiso"*, Ed. Prentice Hall

John C. Maxwell; *"El talento nunca es suficiente"*, Grupo Nelson, Tenessee 2007

John F. Love, *McDonald's La empresa que cambio la forma de hacer negocios en el mundo,* Editorial Norma, Impreso en Colombia 1991

Jürgen Klaric, *"Véndele a la mente, no a la gente"* – Editorial Planeta Chilena S.A., Santiago de Chile,

Laseter, Timothy M, *"Alianzas estratégicas con proveedores – Un modelo de abastecimiento equilibrado"*, Ed. Norma 2000, Bogotá

Laura Fisher, *Mercadotecnia – Segunda Edición*, McGraw-Hill, Impreso en México, noviembre 1993

Lele, MilindM y Jagdish N. Shteth, *El cliente es la clave,* Ed. Diaz de Santos, S.A. Madrid, 1989

Luis Fernando Gutierrez Marulanda, *Finanzas Prácticas para Países en Desarrollo*, Editorial Norma, impreso en Colombia, Junio 1992

Michael A. Hitt, A. Duane Ireland, Robert E. Hoskinsson, *Administración Estratégica 5ta Edición,* International Thomson Editores, S.A., Impreso en México, Noviembre 2004

Og Mandino, *El vendedor más grande del mundo,* Editorial Diana, Impreso en Perú, Octubre 1981

Paul G. Keat y Philip K.Y.Young, *"Economía de Empresa"*, Editorial Pearson 4ta Edición, Impreso en México, 2004

Peters, Thomas J. y Waterman, Robert H. Jr *En busca de la EXCELENCIA,* Editorial Norma, impreso en Colombia, 1984

Posteo de Matías Verdugo, en LinkedIn.

REAL ACADEMIA ESPAÑOLA, *Diccionario de la Lengua Española*, Vigésima segunda edición, 2001

Wikipedia: Principio de Pareto

www.knowledgeatwharton.com.es, *El éxito de Southwest Airlines, un secreto a voces*, 04 de Junio 2003

https://blog.digimind.com/es/insight-driven-marketing/5-estrategias-de-experiencia-del-cliente

https://www.marketeroslatam.com/estrategias-genericas-negocio-michael-porter/

https://retos-directivos.eae.es/ejemplos-de-empresas-con-buenas-estrategias-de-comunicacion/

https://www.youtube.com/watch?v=nWecIwtN2ho

https://www.cuerpomente.com/psicologia/educacion/teoria-inteligencias-multiples-howard-gardner_1012   y
https://psicologiaymente.com/inteligencia/teoria-inteligencias-multiples-gardner